FRIEDRICH BOHLMANN

Gesunde
Ernährung
für Vielbeschäftigte

Keine
Ausreden
mehr

Wir sind gefordert im Beruf und Privatleben, sind vielseitig interessiert und engagiert, haben einen Freundeskreis, Familie, viel um die Ohren – und noch mehr an der Hacke. Wir wollen fit, vital und leistungsfähig sein sowie bei alledem noch mindestens fünf Jahre jünger wirken, als wir tatsächlich sind. Manch einer geht zumindest einmal die Woche ins Fitness-Center, joggt oder steigt aufs Rad.

Doch gesundes Essen kommt bei all dem Alltagsstress oft zu kurz. Beim morgendlichen Schnellstart ohne Frühstück, in der Kantine am Mittag und während der verdienten Ruhe am Abend bleibt die eigene Küche häufig kalt und der Wunsch nach gesundem Essen auf der Strecke.

Statt selbst den Kochlöffel zu schwingen, laufen Kochshows auf allen Fernsehkanälen.

Gleichzeitig boomen Pizzadienste und Fast-food-Lokale. Kein Wunder, dass nicht mal jeder Sechste glaubt, gut mit allen Nährstoffen versorgt zu sein und sich von widersprüchlichen Ernährungsinfos eher verwirrt fühlt. Dieser Ratgeber will genau das Gegenteil erreichen: Da gesundes Essen und Trinken die beste Möglichkeit ist, aktiv etwas für die eigene Vitalität und Gesundheit zu tun, finden Sie in diesem Buch klare Hinweise, einfache Strategien und nicht zuletzt alltagstaugliche, schnelle und vor allem leckere Rezepte. Sie zeigen Ihnen: Selbst bei täglichem Stress, ständigem Zeitdefizit, ja sogar bei gelegentlicher Schokoladensucht können gesundes Essen und Trinken gelingen – und vor allem auch schmecken. Die Ausrede »Ich habe keine Zeit« gilt ab heute nicht mehr!

Ein Mangel an Zeit oder an Kochkenntnissen muss heute niemanden mehr daran hindern, sich gesund, vitalstoffreich und vielfältig zu ernähren. All jenen, denen bislang ein voller Terminkalender und fehlende Kocherfahrung im Weg standen, mehr Geschmack am gesunden Kochen zu finden, hilft dieses Buch, sich optimal mit allem zu versorgen, was der Körper braucht, um ein aktives Leben jeden Tag aufs Neue mit Schwung und Energie zu führen. Mit seinen einfachen, alltagstauglichen Leitlinien, die Ihnen beim Essen und Trinken Sicherheit bieten, und mit Rezepten, die auch Laien am Herd schnell von der Hand gehen, muss gesunde Ernährung nicht mehr länger eine Frage der Zeit sein. Probieren Sie es am besten gleich aus: Die fünf goldenen Regeln sind rasch gelesen und prägen sich gut ein – ideal für Menschen, die sich auch im Express-Tempo gut ernähren möchten. In den ausführlicheren Erläuterungen finden Sie dazu zusätzliche Hinweise, Anregungen und Infos sowie am Ende jedes Kapitels eine Übersicht mit praktischen Tipps zur schnellen Umsetzung dieser Grundlagen.

Damit es nicht bei der Theorie bleibt, bietet Ihnen dieses Buch einen 2-Wochen-Plan – für alle, die genaue Anleitungen und exakte Pläne brauchen. Hier finden Sie für 14 Tage Express-Rezepte für morgens, mittags und abends, mit denen Sie rasch etwas Leckeres auf den Tisch bringen. Damit lernen Sie in zwei Wochen, wie einfach Sie eine schnelle Fitmacher-Ernährung in Ihr Leben einbauen können. Mit wertvollen Express-Tipps und Basisrezepten gelingt es, sich auch nach den beiden Rezeptwochen mit eigenen Ideen weiterhin schnell und gesund zu ernähren.

Sollten Sie zu den Menschen gehören, die sich nur ungern an feste Vorgaben halten, können Sie die Rezepte als einen gesunden Vorrat an rasch umsetzbaren Wohlfühltipps für die Küche nutzen. Wählen Sie ganz nach Lust und Laune einzelne Rezepte aus, und entdecken Sie dabei so manche leckere Idee, die Sie in Ihr gängiges Rezept-Repertoire aufnehmen können.

Achten Sie bitte auch auf die zahlreichen Tipps in diesem Buch. Die in kurzen Ratgeber-Kästen zusammengetragenen Hinweise helfen Menschen, die wenig Zeit haben und daher den schnellen Rat brauchen. Sie müssen dieses Buch also nicht von der ersten bis zur letzten Seite durchlesen. Auf vielen Seiten finden Sie interessante Hinweise und nützliche Hilfestellungen. Haben Sie eine Frage zu einem speziellen Stichwort, so hilft Ihnen zudem das ausführliche Register am Ende des Buches, um im Nu die entsprechende Seite zu finden.

Ich wünsche Ihnen Freude an einer gesunden, leckeren Ernährung, die gut zu Ihrem Leben im Express-Tempo passt und Ihnen dafür die nötige Energie gibt.

Friedrich Bohlmann

Lecker essen: schnell und gesund

Gesunde
Ernährung
ist nicht alles ...

... aber ohne gesunde Ernährung ist alles nichts.« So lautet eine oft gehörte Binsenweisheit. Sie gilt heute mehr denn je, denn immer weniger Menschen kommen dazu, sich täglich an den privaten Herd zu stellen. Mittlerweile beklagt bereits jeder zweite Berufstätige, zu wenig Zeit zum Kochen und Essen zu haben. Nicht einmal die Hälfte gönnt sich ein regelmäßiges Frühstück, und bei zwei Dritteln fällt das Mittagessen flach. Wir geben dem Essen und Trinken in unserem Alltag immer weniger Raum. Trotzdem ist das Interesse an gesunder Ernährung nach wie vor sehr hoch.

Eine aktuelle Studie des Deutschen Instituts für Ernährungsforschung (DIfE) ergab, dass bei einer gesunden Lebensweise das Risiko für chronische Erkrankungen um 78 Prozent sinkt. Dabei spielt Ernährung eine entscheidende Rolle. Gesund essen und trinken lohnt sich also, um seinen Körper optimal vor den häufigsten Erkrankungen zu schützen. Bei Frauen stehen die beiden Themen »gesunde Ernährung« und »Rezepte« ganz oben an. Und selbst Männer finden Ernährungsthemen heute ähnlich interessant wie Politik und weitaus spannender als Technik. Doch Zeit finden sie dafür trotzdem nicht. Unter den berufstätigen Männern kocht die überwiegende Mehrheit nicht. Frauen hingegen stellen sich in aller Regel noch an den Herd, sogar wenn sie Vollzeit arbeiten! So zumindest die Statistik. Leider weiß die Statistik auch, dass mehr als ein Drittel dabei zu Pizzapackungen, Tütensuppen und Dosen greift. Von den Berufstätigen ernährt sich unter der Woche nicht einmal jeder Zweite so, wie er es gerne möchte.

Modernes Leben contra gesundes Essen?

»Vernünftige Ernährung klappt bei mir nur am Wochenende!«, so beklagen viele ihren Alltag. Essen und Trinken werden zur Nebensache, weil Beruf, Kinder, Freizeit, Fortbildung und Freunde wichtiger sind. Verständlich: Besser mittags nur ein Sandwich am Computer als nachmittags ein genervter Chef, weil der Bericht noch auf sich warten lässt. Und wer nachmittags seine Kinder vom Sport zur Nachhilfe und danach noch zur Theater-AG chauffiert, kann abends kein aufwendig gekochtes Essen parat haben. Ernährung ist eben nicht alles. Doch ohne geht es erst recht nicht, will man sich und seine Familie gesund und munter erhalten.

GUT ESSEN IST KEINE FRAGE DER ZEIT

Passt das überhaupt zusammen: ein erfülltes Leben mit Karriere, Kindern und manchmal auch Chaos und gleichzeitig der Wunsch nach gesunder Lebensführung mit ausgewogener Ernährung, festen Essenszeiten und weniger Fast Food? Die klare Antwort: Es funktioniert. Niemand muss dafür seine Lebensweise umkrempeln und plötzlich zum Heimchen am Herd mutieren, nur weil fette Fertigprodukte und Fast Food aus der Küche verbannt werden. Bleiben Sie so quirlig, unternehmungslustig und engagiert, wie Sie sind. Doch beachten Sie unsere Leitlinien, die fünf goldenen Regeln (ab Seite 28). Das fällt Ihnen mit Sicherheit leicht, denn sie sind einfach zu merken, leicht umzusetzen und effektiv. Da müssen Sie sich nicht mit Kalorienzählen, nervigen Diätvorschriften und

langwierigen Theorien herumschlagen. Außerdem stehen hinter den einfachen Regeln wissenschaftliche Erkenntnisse aus fundierten, aktuellen Studien. Schließlich sollen diese Hinweise auch einen nachweisbaren Nutzen erzielen und ihre Wirkung sichtbar zeigen. Wenn Sie gleich damit starten wollen, blättern Sie gerne auf Seite 28 weiter. Wollen Sie sich hingegen noch über die derzeitige Ernährung von Otto und Emma NormalverbraucherIn informieren, möchten Sie mehr erfahren über die größten Stolpersteine auf dem Weg zum »Besser-Esser« oder interessieren Sie sich für die Nährstoff-Defizite der durchschnittlichen deutschen Küche – und wie sie zu umgehen sind –, können Sie all das und manches mehr auf den nächsten Seiten lesen.

ERNÄHRUNGSALLTAG OFT BESSER ALS GEDACHT

Der Durchschnittsdeutsche geht gut dreimal pro Woche außer Haus essen. Bei gestressten Berufstätigen, jungen Singles oder absoluten Kochmuffeln mag diese Zahl etwas darüberliegen. Doch es ist ein Ernährungsmärchen, dass zu Hause kaum noch einer kocht und dafür Kantinenkost, Fast Food und Imbissbuden Hochkonjunktur haben. Im Schnitt werden 85 Prozent aller Mahlzeiten daheim gegessen. Obgleich heute mehr Frauen denn je einem Beruf nachgehen, fühlen sie sich in der Familie nach wie vor dafür verantwortlich, ein gutes Essen zu servieren. Die Emanzipation hört am Kochtopf auf. Vier von fünf Männern findet man nie in der Nähe von Herd oder Spüle, aber gut zwei Drittel aller Frauen, selbst wenn sie berufstätig sind. Sogar bei einem Vollzeitjob kümmern sich 59 Prozent der Frauen als Einzige ums heimische Essen, obgleich Tiefkühltruhe, Mikrowelle und Fertigmenüs schon lange verhindern, dass selbst ernannte Koch-Dilettanten mit der Ausrede durchkommen könnten, in der Küche zwei linke Hände zu haben.

ERNÄHRUNGSFALLEN UMGEHEN

Kennen Sie Ihre persönlichen Fallgruben, in denen Ihr Vorhaben, sich gesünder zu ernähren, untergeht? Einige mögliche Schlingnetze finden Sie hier kurz erwähnt – und wie Sie sich daraus befreien können:

Ab sofort wird alles besser

Wer alles gleich perfekt machen will, scheitert über kurz oder lang. Fangen Sie langsam an, vielleicht als Erstes mit dem Frühstück.

Hungrig, weil allein

Tagsüber an den Arbeitstagen kennen Sie weder Heißhunger noch die Lust auf Süßes. Erst abends fangen Sie aus Langweile an zu naschen, was an Essbarem im Haus ist. Greifen Sie statt nach der Kühlschranktür häufiger zum Telefon. Laden Sie öfter Freunde zum Essen ein, und haben Sie für Ihre abendliche Naschattacken immer einen vollen Obstkorb daheim – aber nie Schokolade, Kekse oder Chips und Co.

Essen gegen Frust

Ärger im Job oder privaten Kummer versuchen viele, mit Essen zu kompensieren. Statt sich zu entspannen, kommt dann auf Dauer nur

noch Kummerspeck dazu. Kalorien sind keine guten Konfliktlöser. Und zum Aufheitern hilft eher ein Kinobesuch, ein Abend in der Badewanne oder ein Treffen mit Freunden.

Zeitung, Fernseher oder Computer beim Essen

Multitasking funktioniert beim Essen nicht. Ihr Körper muss beim Kauen, Schmecken, Einspeicheln, Runterschlucken und Verdauen eine Vielzahl von Aufgaben gleichzeitig bewerkstelligen, da haben Tagesschau, Computerspiel oder Zeitungslektüre kurze Zeit Pause. Immerhin geht es beim Essen und Trinken ausnahmsweise mal »nur« um das Wohlbefinden Ihres Körpers. Da dürfen die neuesten Nachrichten, der spannendste Krimi, ja selbst die wichtigste Mail mal 15 Minuten warten.

Süßes sofort

Das kennen viele: Jetzt brauche ich etwas Süßes. Nusshörnchen, Nougatschokolade oder Schokokuss. Doch bevor Sie irgendetwas schnell verdrücken, trinken Sie zuvor in Ruhe ein Glas Wasser und überlegen dann, was Ihren Süßhunger genau jetzt am besten stillt. Wenn Sie sich das genau gönnen und es mit allen Sinnen genießen, wird Ihr Süßigkeitshunger schnell besänftigt sein.

Schlechtes Ernährungsgewissen

Mal ehrlich: Gibt es strikte Verbote in Ihrer Ernährung, die Sie trotzdem immer mal wieder übertreten – natürlich mit schlechtem Gewissen? Machen Sie Schluss mit den Verboten, und legen Sie für sich fest, wie oft oder wann Sie sich die Tüte Kartoffelchips, das große Sahneeis oder sonstige vermeintliche Ernährungssünden erlauben und sie dann mit gutem Gewissen und vollem Genuss bis zur letzten Kalorie auskosten können.

Allzu strikte Vorschriften

Wenn Sie nach Rezepten wie in diesem Buch kochen, halten Sie sich dann streng an die Zutaten? Oder tauschen Sie die Birnen schon mal gegen Äpfel aus oder lassen die Rosinen weg, weil es gerade keine Birnen mehr im Supermarkt gab bzw. Ihnen Rosinen nicht schmecken? Richtig so, schließlich sollen die Rezepte Leitlinie und nicht Dogma sein – ebenso wie all die übrigen Hinweise, Regeln und Tipps. Erst wer sie persönlich für sich anpasst, Ausnahmen zulässt und dafür eigene Lösungen findet, macht aus festen Regeln Lebensgewohnheiten. Dies gilt auch die fünf goldenen Ernährungsregeln: Machen Sie kein Dogma daraus – und sich selbst keine Vorwürfe, wenn es mal nicht mit den drei Hauptmahlzeiten am Tag oder den drei Portionen Obst und Gemüse geklappt hat.

NÄHRSTOFF-LÜCKEN LECKER FÜLLEN

Obgleich wir uns noch nie so reichlich und vielfältig mit Lebensmitteln aus aller Welt versorgen konnten, entdecken Experten dennoch Defizite. Hier heißt es, bewusst gegenlenken. In der Übersicht der Mangel-Vitamine und -Mineralstoffe nennen wir die Hauptrisikogruppen und mögliche Mangelsymptome. Sie können damit schnell erkennen, ob Sie Ihren Ernährungsplan bei dem einen oder anderen Nährstoff kritisch hinterfragen sollten und wie Sie mögliche Defizite optimal ausgleichen können.

Essen in der größten Arbeitshektik – besser wäre eine kurze Anti-Stress-Pause.

ß-Carotin

Mädchen, junge Frauen sowie Männer decken den Bedarf im Schnitt nur zu 65 bis 80 Prozent. Erhöhte Infektanfälligkeit und Hautprobleme können die Folge sein. Aprikosen, Paprika, Feldsalat, Fenchel, Melone, Brokkoli und gekochte Karotten bilden gute Quellen. **Express-Tipp:** Als carotinreichen Guten-Morgen-Drink Karotten- und Birnensaft mixen.

Vitamin D

Im Sommer reicht das Sonnenlicht aus, um Vitamin D zu bilden. Im Winter decken wir den Bedarf nur zu 45 bis 75 Prozent, sodass das Risiko für Knochenbrüche langfristig steigt. Ein Mangel kann zudem das Immun-

11

system schwächen sowie Herz und Kreislauf schaden. Nur Pilze und Seefische liefern nennenswerte Vitamin-D-Mengen.

Express-Tipp: Bei Sonne mehr Haut zeigen, damit der Körper reichlich Vitamin D bilden und speichern kann. Achtung: Eine Tagescreme mit UV-Filter behindert die Vitamin-D-Bildung!

Folsäure

Wir erreichen unseren Folsäure-Bedarf nur zu 55 Prozent, sodass Herzprobleme drohen und in der Schwangerschaft beim Säugling das Risiko eines offenen Rückens (Spina bifida) ansteigt. Entgegenwirken sollten wir mit Rohkost aus Nüssen, Fenchel, Erdbeeren, Weintrauben, Orangen und grünen Salaten.

Express-Tipp: Je nach Saison im Frühjahr reichlich Chicorée, im Sommer Erdbeeren, im Herbst Trauben und im Winter Orangen als kalorienarmen, aber folsäurereichen Zwi-

Dank reichlich Folsäure sind Erdbeeren ein kalorienarmer und herzgesunder Genuss.

schendurch-Snack genießen. Außerdem Jodsalz mit Folsäure nutzen.

Kalzium

Der Bedarf wird im Schnitt nur zu 80 bis 90 Prozent gedeckt. Ein geringer Mangel ist also üblich, auch wenn dann im Alter ein verstärkter Knochenabbau droht. Wer vorbeugen will, trinkt und isst mehr Milchprodukte oder wählt ein Mineralwasser mit mehr als 150 mg Kalzium pro Liter.

Express-Tipp: Einen Muntermacher-Drink für die Knochen aus zwei Teilen kühler Buttermilch und einem Teil Fruchtsaft mixen.

Magnesium

Allgemein sind wir gut versorgt, doch vor allem unter Jugendlichen und jungen Erwachsenen herrscht ein leichter Mangel – spürbar an häufigen Krämpfen. Dagegen helfen beispielsweise Hirse, Nüsse, Haferflocken oder Naturreis.

Express-Tipp: Allein der Austausch von Mischbrot gegen ein Vollkornbrot bringt bereits 80 Prozent mehr Magnesium.

Eisen

Junge Frauen und Vegetarier zählen zu den Risikogruppen, die ihren Eisenbedarf häufiger nicht voll decken. Eine blasse Hautfarbe, Kraftlosigkeit und Infektanfälligkeit sind erste Anzeichen für einen Mangel. Mit eisenhaltigen Lebensmitteln wie Fleisch können sie gegensteuern. Vegetarier müssen beachten, dass der Körper das Eisen aus Pflanzen schlecht verwertet. Hier hilft Vitamin C dem Eisen auf die Sprünge. Daher zu einer Mahlzeit mit Eisenlieferanten wie Hirse, Hülsenfrüchten und Feldsalat immer für viel Vitamin C

*Milch und Milchprodukte wie Quark und Käse –
unsere besten Kalziumlieferanten.*

sorgen. Wie wäre es also mit Paprika, Kiwis
oder einem Orangensaft?

Express-Tipp: Einmal im Monat eine Portion
Leber – ein echter Eisen-Booster! Die ge-
fürchteten Rückstände sind bei gelegentli-
chem Genuss schon lange kein Problem mehr.

Jod

Ohne jodiertes Speisesalz stände es generell
schlecht um unsere Jodversorgung. Die
Schilddrüse braucht dieses seltene Spurenelement, um zentrale Steuerungshormone zu
bilden. Bei einem Mangel vergrößert sich die
Schilddrüse, und es kann ein Kropf entstehen. Natürlicherweise bieten nur Seefische
reichlich Jod. Doch die essen wir zu selten.
Erst seit Kochsalz Jod zugesetzt wird, gilt
Deutschland nicht mehr als Jodmangelgebiet.

Express-Tipp: Seit einigen Jahren gibt es Jodsalz kombiniert mit Folsäure. So füllen Sie
zwei Nährstofflücken mit einem Salzstreuer.

Selen

Ob wir ausreichend mit Selen versorgt sind,
darüber fehlen leider Daten. Allerdings wei-
sen einige wenige Untersuchungen auf einen
deutlichen Mangel hin. Das könnte zu einem
geschwächten Immunsystem führen, denn
aus Selen bildet der Körper ein wichtiges Ent-
giftungsenzym. Gute Quellen sind Fische,
Garnelen, Nüsse und Hülsenfrüchte.

Express-Tipp: Wer nicht auf die Kalorienbrem-
se treten muss, gönnt sich häufiger einen
Kokosmilch-Shake: Je ein Teil Früchte, Milch
und Kokosmilch pürieren, bei Bedarf süßen.

FETTE – HIER BITTE SPAREN UND DIE RICHTIGEN AUSWÄHLEN

Unser größtes Ernährungsproblem liegt allerdings nicht darin, dass es bei manchen Vitaminen und Mineralstoffen etwas knapp wird.
Das Zuviel an Fett und Kalorien schadet der
Gesundheit weit mehr. Internationale wissenschaftliche Gremien wie die Weltgesund-
heitsorganisation (WHO) oder die Deutsche
Gesellschaft für Ernährung (DGE) empfehlen,

GESUND-TIPP

Brotaufstrich entfetten
Es müssen nicht immer Butter
oder Margarine sein. Sie können
Ihr Brot sehr viel fettbewusster
auch mit leichtem Frischkäse,
Magerquark, Ajvar oder Tomatenmark bestreichen.

dass 30 Prozent der Kalorien aus Fett bestehen dürfen, das macht bei 2000 Kalorien pro Tag etwa 70 Gramm Fett. Doch unsere Ernährung kümmert sich nicht um diese Ratschläge. Wir nehmen im Schnitt 90 Gramm Fett auf. Das sind 30 Prozent zu viel – macht 180 Kilokalorien, und zwar täglich! Die Folgen zeigen sich zwangsläufig auf der Waage. Mittlerweile schleppt die Hälfte aller Deutschen zu viel Gewicht mit sich herum – Tendenz steigend! Doch nicht nur die Menge an Fett macht uns Probleme. Wir essen auch die falschen Fette: Zu viele gesättigte Fettsäuren, die sich vor allem in Wurst, Käse, Butter und Sahne finden. Dafür aber zu wenig mehrfach ungesättigte Fettsäuren aus fettem Fisch oder Walnussöl. Diese Ernährungsmankos führen zu Übergewicht und lösen Herz-Kreislauf-Probleme aus.

Fett und fettreiche Lebensmittel – die Hauptverantwortlichen für viele Zivilisationskrankheiten.

Wer weniger Fett isst, kann am effektivsten Kalorien sparen. Denn davon liefert Fett doppelt so viel wie die gleiche Menge an Kohlenhydraten oder Eiweiß. Und ein Austausch gesättigter gegen mehrfach ungesättigte Fettsäuren hält die Gefäße elastisch. Das beugt Herzinfarkt und Schlaganfall vor.

10 gesunde Express-Tipps zum Thema Fett

1. Milch entfetten: Milchprodukte nur noch in der fettreduzierten Form kaufen, also statt Speisequark Magerquark, statt Creme fraîche fettarmen Frischkäse.

2. Öfter Schinken statt Wurst: Schinken oder Geflügelwurst einer fetten Wurstsorte vorziehen.

3. Weniger Öl in die Pfanne: Bei beschichteten Pfannen braucht der Boden nur mit einem Teelöffel Öl eingepinselt werden. Oft reichen auch ein wenig Brühe oder Wasser.

4. Statt mit Butter und Schmalz mit Rapsöl und Olivenöl anbraten.

5. Streichfett weglassen: Bei Leberwurst, Streichkäse oder Kräuterquark braucht das Brot kein Streichfett.

6. Öfter mal Grillen: Hier kommt das Fleisch direkt auf den Grill, ganz ohne Fett.

7. Für Salatsaucen Walnussöl bevorzugen.

8. Eingelegtes ohne Öl: Viele Fischkonserven gibt es statt in Öl auch in einem fettfreien Sud.

9. Backofen statt Fritteuse: Pommes und Kroketten können auch im Backofen lecker zubereitet werden.

10. Nach Möglichkeit einmal in der Woche fetten Fisch wie Lachs, Makrele oder Hering genießen, gern auch geräuchert oder in einem fettfreien Sud eingelegt.

Der Test: Echte und vermeintliche Ernährungsprobleme

Gerade im Bereich Ernährung gibt es viele Vorstellungen und (Vor)Urteile, die zwar von Generation zu Generation weitergetragen und auch in vielen Zeitschriften immer wieder veröffentlicht werden, obwohl die Wissenschaft längst neuere Erkenntnisse hat. Im folgenden Test überprüfen Sie Ihre eigenen Einstellungen, Befürchtungen und (Vor)Urteile. Sie finden vier Aussagen und wählen bitte spontan je eine Meinung aus, die Ihrer Position am nächsten kommt.

1. Aussage:

Wir sind in aller Regel gut mit allen Mineralstoffen und Vitaminen versorgt. Nahrungsergänzungsmittel bzw. Präparate sind nur für wenige Menschen notwendig.

a) Ist auch meine Meinung.

b) Dem stimme ich nicht zu. In der Regel sind wir schlecht versorgt.

c) Dies gilt für die meisten Nährstoffe, nur bei einigen brauchen wir Zusätze.

2. Aussage:

Rückstände von Düngemitteln, Pestiziden, Futtermittelzusätzen und Lebensmittelzusatzstoffen stellen das Hauptproblem der heutigen Ernährung dar.

a) Genau so ist es. Da hilft nur eins: Ganz auf Bio umsteigen.

b) Nein, davon lasse ich mir den Appetit nicht verderben. Ich achte aber auf saisongerechten Einkauf aus der Region.

c) Davor schützen mich strenge Gesetze.

3. Aussage:

Wer fast täglich In der Kantine und im Fast-Food-Restaurant essen muss, kann sich nicht gesund ernähren.

a) Meine Rede.

b) Mit etwas Köpfchen kann selbst Fast Food gesund sein.

c) Dann muss man sich eben ansonsten sehr bewusst ernähren.

4. Aussage

Kochen braucht Zeit. Allein das Einkaufen all der benötigten Zutaten kostet Stunden, dann der Aufwand fürs Garen. Im Nu ist alles gegessen, und am Schluss muss noch ein Haufen Geschirr gespült werden.

a) Genau, zum Glück gibt es Pizzadienste und Dosenravioli.

b) Richtig, deshalb koche ich nur am Wochenende, dann umso leckerer mit Vorspeise und Dessert.

c) Wenn's schmeckt, lohnt es sich. Zumal es auch schnelle Rezepte gibt.

Sind Sie ins Grübeln gekommen, oder war Ihnen die richtige Antwort auf Anhieb klar? Welche Antwort bei welcher Aussage wirklich stimmt, erläutert Ihnen der Ergebnis-Kasten auf der nächsten Seite.

Die Testauflösung: Echte und vermeintliche Ernährungsprobleme

Haben Sie den Schnelltest gemacht? Dann schauen Sie sich die »Lösungen« an und prüfen Sie, ob Sie Ihre Einstellung zur Ernährung überdenken sollten.

1. Aussage

Antwort C stimmt. In aller Regel sind wir sehr gut versorgt, es fehlen meist nur wenige Vitamine und Mineralstoffe, die wir in unserer Ernährung allerdings schmerzlich vermissen. Daher empfiehlt sogar die Deutsche Gesellschaft für Ernährung bestimmten Bevölkerungsgruppen, einzelne Vitamine gezielt einzunehmen. Mehr zu diesen Mangelvitaminen und -mineralstoffen ab Seite 11. Doch wahllos Breitband-Vitaminpillen zu schlucken, ist keine Alternative zu einer abwechslungsreichen Ernährung.

2. Aussage

Antwort B stimmt. Nicht mal vier Prozent aller Lebensmittel enthalten mehr Rückstände als erlaubt. Trotzdem empfinden viele Menschen dies als die größte Gefahr ihrer Ernährung – und vergessen, dass zu viel Fett und zu viele Kalorien weit mehr Probleme auslösen.
Doch einige Lebensmittel sind häufig belastet – trotz aller Gesetze! Dazu zählen Blattsalate, Paprika, Radieschen, Rettich, Rote Bete, Sellerie, Spinat, Zucchini, Zuckerschoten, Ananas, Himbeeren und Johannisbeeren. Hier sollten Sie also besser Produkte aus dem Biomarkt oder der Region kaufen und etwas mehr Geld ausgeben. Diese Lebensmittel enthalten so gut wie nie Rückstände oberhalb der Grenzwerte.

3. Aussage

Antwort B stimmt. Fast Food ist nicht tabu, wenn die Auswahl stimmt: Mit Müsli, Fruchttüte, Salaten, vegetarischen Wraps und Joghurt kann selbst ein Tag im Fast-Food-Paradies Nährwerte erzielen, die genau den derzeitigen Empfehlungen entsprechen – sogar mit Pommes, aber ohne Cola! Wie Fast Food nicht nur schnell, sondern auch gesund sein kann, dazu mehr ab Seite 38.

4. Aussage

Antwort C stimmt, denn bis der Pizzabote endlich mit dem lauwarmen Teigfladen ankommt, steht auch ein schnelles, selbst gekochtes Essen auf dem Tisch. Und weitaus wichtiger als ein opulentes Sonntagsmenü ist der alltägliche Treffpunkt Küche – an sieben Tagen die Woche. Feste Essenszeiten und alltagstaugliche, schnelle Rezepte (ab Seite 98) sorgen hier nicht nur für Gesundheit und Genuss, sondern ermöglichen auch das Gespräch und den regen Austausch am Esstisch.

Falsche Ernährungsängste

Eine aktuelle Umfrage der Europäischen Behörde für Lebensmittelsicherheit brachte es an den Tag: Die größte Angst haben wir vor Rückständen im Essen. Drei von vier Befragten sind beunruhigt über die Pestizide, die sich in Obst, Gemüse und Getreide finden. Das sind deutlich mehr als noch vor fünf Jahren, als diese Befragung schon einmal durchgeführt wurde. Vor Salmonellen und Bakterien im Essen fürchtet sich hingegen nur die Hälfte aller Befragten, weit weniger als noch vor fünf Jahren. Und ein Ernährungsproblem macht den Deutschen am wenigsten Angst: das Übergewicht. Nur jeder Dritte findet eine Gewichtszunahme beunruhigend.

Medizinische Statistiken zeigen jedoch, dass nach dem Rauchen Übergewicht die zweihäufigste Todesursache darstellt. Salmonellen und Bakterien in Lebensmitteln sind deutschlandweit für immerhin 100 000 Erkrankungen pro Jahr verantwortlich, die im schlimmsten Fall, wenn auch selten, zum Tod führen. Hingegen war es bislang nicht möglich, die größten Angstauslöser, also die Pestizidrückständen, als Gesundheitsrisiko dingfest zu machen. Zum Glück nimmt diese vermeintliche Gefahr ohnehin immer mehr ab. In nicht einmal vier Prozent aller untersuchten Lebensmittel fanden sich Rückstände, die oberhalb der zulässigen Grenzwerte lagen. Das sind immer noch vier Prozent zu viel, doch sorgen sollten wir uns weit, weit mehr um die echten Gesundheitsgefahren im Essen: gefährliche Krankheitskeime und vor allem zu viele Kalorien!

EIGENVERANTWORTUNG GEFRAGT

Warum suchen wir die Ernährungsrisiken an ganz anderer Stelle als dort, wo sie tatsächlich lauern? Warum bereiten uns Pestizidrückstände große Probleme, während wir uns um die Ausgewogenheit unserer Ernährung, um Fette, Zucker und Kalorienzahlen weit weniger Sorgen machen? Selbst wenn die Zahl der Übergewichtigen immer mehr zunimmt, hingegen die Rückstände in unseren Lebensmitteln ständig sinken. Insbesondere in Gemüse und Obst aus heimischer Produktion sind kaum noch überhöhte Pestizidbelastungen nachweisbar.

Für Pestizidreste im Gemüse, Antibiotika im Fleisch oder Nitrat im Spinat können wir nichts, umso deutlicher beschweren wir uns darüber. Doch ob wir zu viel und ob wir das Richtige essen, das hat jeder von uns in der Hand. Es ist nur menschlich, diese hausgemachten Ernährungsprobleme eher unter den Teppich zu kehren.

Aber es hilft uns nicht weiter, vor den wirklich relevanten Problemen die Augen zu verschließen und dafür umso deutlicher auf die Fehlleistungen von Landwirten und Lebensmittelproduzenten hinzuweisen. Also tun wir am besten beides: Die eigene Ernährung in die Balance bringen und gleichzeitig bei möglichen ungesunden Rückständen Alarm schlagen. Für den Alarm sind Verbraucherverbände, engagierte Journalisten und letztlich auch Politiker verantwortlich. Für die eigene Ernährung einzig jeder selbst. Und da helfen am besten einige Koch-Basics weiter.

Schnelle Küche – so gefragt wie nie

Wer seine Ernährung verbessern will, tut gut daran, selbst zu kochen. Nur so können Sie bestimmen, was in den Topf und danach auch auf den Teller kommt. Fertigprodukte, die nur noch in die Pfanne oder in die Mikrowelle müssen, enthalten hingegen allzu oft deutlich mehr Fett und damit mehr Kalorien als nötig. Und nicht zu vergessen reichlich – erlaubte – Zusatzstoffe, die dafür sorgen, dass das Essen zumindest annähernd so schmeckt, wie wir es uns aufgrund des ansprechenden Verpackungsfotos vorstellen. Wer die Zubereitung gleichzeitig beschleunigen will, hat es einfacher, wenn der Umgang mit Topf und Pfanne leicht von der Hand geht. Das ist heute keineswegs selbstverständlich. Ein Drittel aller Frauen schätzt die eigenen Kochkenntnisse als eher durchschnittlich oder gar schlecht ein. Insbesondere die jungen Frauen unter 25 Jahren zweifeln an ihren Kochkünsten. Nicht einmal die Hälfte sieht sich als gute Köchin.

Die meisten Männer betrachten traditionell die Küche ohnehin als unbekanntes Territorium. Selbst wenn sich immerhin jeder Dritte für Ernährung interessiert, verwandelt sich nur jeder fünfte Mann gelegentlich in einen Freizeitkoch. Die Mehrzahl gibt offen zu, schlecht oder gar nicht zu kochen. Insbesondere viele Senioren und junge Singles können oft nur die Kaffeemaschine bedienen, scheitern aber im Umgang mit Kochtopf und Küchenmessern.

Dass Kochen aber keine Kunst, sondern leicht erlernbar ist, zeigen die schnellen Rezepte ab Seite 92.

Arbeit, Kinder, schnelle Küche

In immer mehr Familien reicht das Geld nicht, und beide Eltern müssen arbeiten, um den Lebensunterhalt zu bestreiten. Gleichzeitig wollen immer mehr Frauen nicht nur ihren kleinen Familienbetrieb leiten, sondern auch jenseits von Heim und Herd Karriere machen. In vielen Familien kümmert sich deshalb um 12 Uhr niemand ums Mittagessen. Zudem sind die Mittagspausen kurz, die Arbeitszeiten unregelmäßig, und die Kinder kommen nicht gleichzeitig aus der Schule. So wird es mit den gemeinsamen Mahlzeiten immer schwieriger. Kinder und Eltern essen weniger mit-, sondern häufiger nacheinander – zumindest mittags. Umso mehr Wert legen heute alle auf das Abendessen. Dann ist endlich Zeit für Familienleben – das finden selbst Großstadtkids cool: Bei einer Umfrage unter Berliner Jugendlichen im achten bis zehnten Schuljahr sprachen sich 90 Prozent für Familienmahlzeiten aus, wobei den Kindern die Gespräche wichtiger (67 %) waren als das gute Essen (56 %). Immerhin musste weit mehr als ein Drittel der Schüler seine Hauptmahlzeit ohne Eltern zu sich nehmen.

Diesen Mangel an Nähe und Zuwendung können berufstätige Eltern kaum ändern, einen Mangel an leckerem Essen schon. Sprechen Sie gemeinsam mit Ihren Kindern ab, was mittags auf den Tisch kommt.

Das macht zu viel Mühe? Kostet zu viel Zeit? Nicht, wenn Sie oder Ihr Partner ohnehin einen gesunden Snack mit zur Arbeit nehmen und dann einfach noch eine Extraportion für das Mittagessen Ihres Kindes vorbereiten. Lassen Sie sich vom Express-Tipp inspirieren.

EXPRESS-TIPP

Leckeres für Schlüsselkinder
- ► Salate, die nicht nach kurzer Zeit zusammenfallen
- ► Suppen, die schnell heiß gemacht sind
- ► Sandwich, in Folie eingewickelt, damit es nicht trocken wird
- ► Klein geschnittene Früchte auf Magerquark
- ► Gemüsemuffins mit einer Joghurtsauce
- ► Gemüsestifte mit Dip

KOCHEN ALS FAMILIEN-TEAMWORK

Spätestens mit der Schwangerschaft steht in jungen Familien gesunde Ernährung hoch im Kurs. Selbst wenn zuvor Fast-Food-Restaurant und Fertigpizza den Ernährungsalltag bestimmten, wird nun in Kochbüchern geblättert und die Großmutter nach alten Familienrezepten gefragt. Welche Eltern wollen nicht alles richtig machen und ihre Kinder mit gesunden Mahlzeiten und sämtlichen Nährstoffen versorgen? So machen Kinder gerade in den ersten beiden Lebensjahren aus ihren Eltern gesundheitsbewusste Esser.

19

Es lohnt sich, wenn gesundes Kochen und genussvolles Essen auch danach eine Gemeinschaftsaufgabe der gesamten Familie bleibt. Immerhin können bereits kleine Kinder den Tisch decken. Gerade morgens, wenn jeder rasch aus dem Haus will, kann jedes Kind eine feste Aufgabe beim Frühstück übernehmen. So bleibt Zeit für die Mahl-Zeit.

Falls Morgenmuffel immer wieder einen Frühstücksstreik anzetteln wollen: Bei kleineren Kindern reicht oft schon ein Gesicht aus Tomaten-, Gurken- oder Eierscheiben auf dem Brot, damit ihnen das Frühstücken Spaß macht. Sorgen Sie außerdem dafür, dass das Sitzen um den Frühstückstisch ein Gefühl von Gemeinschaft vermittelt. Darauf wollen Kinder nur ungern verzichten. Das heißt selbstverständlich auch, dass Sie sich dazusetzen und

mitfrühstücken. Und wer glaubt, dass das alles viel zu viel Zeit kostet, muss wissen, dass 15 Minuten Frühstücken am Morgen sich allemal wieder auszahlen. Mehr dazu in der ersten der fünf goldenen Regeln zur Ernährung ab Seite 32.

Unser größtes Ernährungsproblem: dicke Kinder

Heute fangen Gewichtsprobleme schon im Vorschulalter an: Jeder siebte Schüler ist übergewichtig. Noch vor 15 Jahren gab es nur halb so viele dicke Kinder und Jugendliche. Dieser rasante Anstieg lässt ahnen, dass in den nächsten Jahren Zivilisationskrankheiten deutlich zunehmen werden. Denn dicke Kinder heute bedeuten kranke Erwachsene morgen. Ungünstige Ernährungsweisen sowie zu wenig körperliche Bewegung sind die wesentlichen Ursachen.

Schon jetzt stellen Ärzte bereits bei Jugendlichen den sogenannten Altersdiabetes fest, eine Form der Zuckerkrankheit, die es früher nur bei Menschen jenseits der Lebensmitte gab. Um das zu vermeiden, nutzen Sie auch für Ihren Nachwuchs die zehn wertvollen Express-Tipps zum Thema Fett auf Seite 14.

MIT KINDERN KOCHEN

Es ist ein schönes Gemeinschaftserlebnis als Familie, wenn Kinder und ihre Eltern miteinander kochen. Kinder lernen dabei, dass sie selbst etwas herstellen können, was danach gemeinsam gegessen wird – eine große Bestätigung für die Kleinen! Das macht Kinder stolz und selbstbewusst.

Wenn Sie folgende Tipps beachten, sollte es mit dem Kochen problemlos klappen:

Mit Kindern gemeinsam kochen macht allen Spaß und stärkt das Familiengefühl.

▶ Entdecken Sie das Kochen mit Ihren Kindern als gemeinsames Erlebnis und Bereicherung – ähnlich wie einen Spaziergang oder einen Zoobesuch.

▶ Nehmen Sie sich ein einfaches, schnelles Rezept vor, das Sie nach dem Geschmack Ihres Kindes abwandeln können: Gemüsespieße, Wokpfanne, gefüllte Pfannkuchen.

▶ Erklären Sie genau, was gemacht werden muss, und machen Sie es vor.

▶ Machen Sie möglichst alles mit Ihrem Kind gemeinsam, auch wenn ihm das Aufschlagen der Eier noch nicht auf Anhieb gelingt.

▶ Lassen Sie der natürlichen Neugierde der Kinder freien Lauf: naschen erlaubt, Flecken kein Problem – wozu gibt es Schürzen und Waschmaschinen?

▶ Was für das Kind gefährlich werden könnte, insbesondere scharfe Küchenmesser, außer Reichweite stellen. Zum Schälen reicht ein Sparschäler, zum Schneiden in der Regel auch das Messer Ihres Essbestecks. Küchenmaschinen mit Sicherheitsstopp sind okay, Pürierstäbe mit offenen Klingen hingegen tabu.

Kochkurs mit Kind und Kegel
Wenn Ihre Kinder mittags allein für ihr Essen zuständig sind, besuchen Sie mit ihnen einen Kochkurs. Damit belohnen Sie nicht nur deren Koch-Engagement, sondern verbessern auch die Kochkompetenz – Ihre eigene und die Ihrer Kinder. Viele Volkshochschulen bieten Kochkurse an – in der Regel für Erwachsene und manche auch für Kinder. Fragen Sie nach, ob Sie sich mit Ihren Kindern gemeinsam anmelden können.

▶ Geben Sie den Gerichten lustige, kindgerechte Namen: aus dem Gemüsespieß wird der Paprika-Zucchini-Zauberstab oder aus einem mit Tomaten und Mozzarella überbackenen Baguettebrötchen ein rot-weißes Piratenschiff mit grünem Basilikum-Segel.

Wenn Karriere vor Küche geht

Wer in aller Früh zur Arbeit hechtet und erst spätabends heimkommt, sich beruflich richtig reinhängt oder durch ständig wechselnde Arbeitszeiten gestresst ist, hat kaum noch ein Auge auf sein Essverhalten, auch wenn sich das schlechte Ernährungsgewissen manchmal meldet und man um den Wert guter Lebensmittel weiß. Je mehr im Job gefordert wird, desto weniger Zeit bleibt zu Hause für Gesundes. Viele wollen nach dem Stress im Beruf nur noch ausspannen, und das heißt oft: Keine Lust mehr auf Salatschnippeln, Pfannenschwenken und erst recht nicht auf den Abwasch.

Doch gerade für beruflich Engagierte ist dieses Buch geschrieben, weil sie nur mit Hilfe einer gesunden Ernährung langfristig die Energie aufbringen, im Job voranzukommen. Sie können sich im Rezeptkapitel die super-

---

Gut drauf mit den richtigen Vitaminen

Schon lange weiß die Wissenschaft, dass Nährstoffmangel Stress, Ärger, schlechte Stimmung und Motivationsprobleme auslöst.

Sind Sie beispielsweise im Job schnell müde und ohne Ansporn, ist vielleicht ein Vitamin-B1-Mangel daran schuld. Den können Sie mit mehr Schweinefleisch, Vollkorn und Hülsenfrüchten leicht ausgleichen.

Ein Folsäuredefizit gilt als möglicher Auslöser schlechter Stimmungen, es steigert zudem Ängstlichkeit und Sensibilität. Hier wäre mehr Rohkost ratsam.

Besonders ungünstig auf die Psyche wirkt sich zu wenig Vitamin B2 aus. Das in Hülsenfrüchten, Nüssen und Samen, Fleisch und Fisch und vor allem in Vollkorn- und Milchprodukten enthaltene Vitamin aktiviert, hebt die Stimmung und steigert die Konzentration. Milch macht also munter – und das nicht nur Männer!

---

schnellen Frühstücke herauspicken für die notwendige morgendliche Energie, ohne die der Tag mit einem Fehlstart beginnt. Und für den Mittag oder Abend wählen Sie schnelle Kochvorschläge, die Ihrem Geschmack, Ihren Gewohnheiten und Gegebenheiten am besten entsprechen. Zudem helfen die Snacks ab Seite 128 allen, die zwischendurch auf die Schnelle etwas Gesundes und Leckeres brauchen, um ihr anspruchsvolles Tagespensum zu schaffen.

DEM JETLAG KULINARISCH ENTKOMMEN

Beruflich hochengagierte Menschen kommen noch aus einem anderen Grund oft aus ihrem Essrhythmus: Jeder, der häufiger Zeitzonen überfliegt und zwischen den Kontinenten hin und her jettet, riskiert Kopfschmerzen, Schlafbeschwerden, Appetitmangel, schlechte Stimmung und nachlassende Leistung, weil die innere Uhr nicht mehr mitkommt. Insbesondere bei Flügen gen Osten nehmen die typischen Jetlag-Symptome zu, weil auf diesen Flügen der Tag kürzer wird.

Dagegen hilft es, während des Fluges viel zu trinken – jedoch weder koffeinhaltige Getränke noch Alkohol. Am Ziel angekommen, passen Sie sich sofort mit dem eigenen Ernährungsrhythmus der neuen Zeitzone an. Sollten Sie nachts ankommen und nicht müde, aber hungrig sein, essen Sie nur einen kleinen Snack. Die nächste Hauptmahlzeit gibt es erst nach Sonnenaufgang. Und gehen Sie nicht ins Bett vor dem Abendessen! Bei großer Müdigkeit besser einen Spaziergang einlegen. So kommen Sie weit besser mit dem Jetlag zurecht oder entgehen ihm sogar ganz.

Aktiver Lebensstil lässt die Küche kalt

Gestern mit Freunden das neue Trendlokal ausprobiert, heute zum Event mit Häppchen und Sektempfang eingeladen und am nächsten Wochenende schnell mal auf einen Kurztrip nach Berlin – da bleibt die eigene Küche oft kalt. Wer trotzdem seinem Körper Gesundes bieten möchte, sollte im Restaurant, am Büffet oder beim Fingerfood-Empfang bewusst auswählen. Da solch ein quirliger Lebensstil einen häufiger an Bahnhöfe und Flughäfen bringt, lohnt sich auch hier die Suche nach gesunden Imbiss-Alternativen. Auf jeden Fall hilft ein Frühstück mit Vollkorn und viel Obst, gern auch Käse oder Schinken, solch ein aktives Leben zu führen. Damit legen Sie die gesunde Basis für einen aktiven Tag. Zum Glück bietet jedes gute Hotel ein reichhaltiges Frühstück an. Sogar in jedem großen Bahnhof und jedem Flughafen finden sich bereits morgens Angebote mit frisch gepressten Säften, Vollkornbaguettes und Obst.

AB INS RESTAURANT

Wer gern und oft essen geht, sollte in Ruhe die Speisekarte rauf und runter nach leckeren, leichten und gesunden Angeboten durchforsten. Fragen Sie ruhig den Kellner, und äußern Sie Wünsche. Ein gutes Restaurant geht darauf ein, wenn Sie das Joghurtdressing der fetten Sourcreme vorziehen oder darum bitten, die Gemüseportion etwas größer ausfallen zu lassen und dafür das Stück Fleisch zu verkleinern. Wer bei der Speiseauswahl im Restaurant nicht lange suchen oder fragen will, dem hilft die folgende kleine Liste. In aller Regel können Sie ohne Kalorienkummer und mit gutem Appetit bestellen:

▶ **Beim Asiaten:** Wokpfanne mit wenig (!) Reis; gebackener Tofu; Gemüse und Fisch aus dem Bambusdämpfer
▶ **Beim Franzosen:** Ratatouille; Rindfleisch Burgunder Art mit Gemüse
▶ **Beim Griechen:** Fleisch-Gemüse-Spieße; Gemüseplatte mit Tsatsiki; Fisch vom Grill
▶ **Beim Italiener:** gegrillter Fisch; Minestrone; Saltimbocca
▶ **Beim Spanier:** Gazpacho; Fischsuppe; Fisch aus dem Ofen
▶ **Beim Türken:** Hirtensalat; Linsensuppe; Geflügelspieße
▶ **Im typischen deutschen Lokal:** Klare Brühe mit Gemüseeinlage; Sauerbraten mit gedünstetem Gemüse; Leipziger Allerlei mit Hühnerfrikassee; Fischfilet; rote Grütze

Gerade wer viel unterwegs ist, achtet beim Zwischenstopp im Restaurant auf Vitalstoffe.

In den kleinen, feinen Büffet-Häppchen verbergen sich oft große Kalorienmengen.

BÜFFET OHNE BEDENKEN

Häufige Einladungen mit kaltem Büffet, lecke-ren Häppchen und edlem Fingerfood machen sich schnell auf der Waage bemerkbar. Dabei erleichtert gerade die große Auswahl, Gesun-des zu finden. Das Wichtigste zuerst: Trinken Sie möglichst viel Wasser, verzichten besser auf den zweiten oder dritten Sekt und auf rei-ne Säfte. Die haben immerhin so viele Kalori-en wie Cola! Am kalten Büffet sollten Sie sich an Gemüsesalaten, köstlichem Schinken und kaltem Braten satt essen. Dafür machen Sie einen Bogen um Käsehäppchen, Fleisch- oder Fisch-Terrinen und pikanten Cremes. Hier dürften die meisten Kalorien lauern. Zum Glück gibt es in aller Regel auch etwas War-mes, das gut den Magen füllt und nicht nur den Hunger lockt. Bei Suppen, zumindest bei denen ohne Sahne, können Sie gerne zweimal nehmen. Beim Dessert das wählen, wo die meisten Früchte und die wenigste Sahne zu sehen sind. Auch hier gelten Cremespeisen als heimliches Kalorienversteck.

UND ZUHAUSE?

Bleibt die Frage, was sich solche Laien am Herd mit hohem kulinarischem Anspruch schnell zubereiten können, wenn sie doch einmal daheim essen möchten. Hier reicht ein Blick in die reich gefüllten Kühltruhen der Supermärkte. Leckere Fischmahlzeiten, raffi-nierte Gemüsekreationen, rein vegetarisch oder mit Fleisch, dazu fertig portionierte und bereits gewürzte Fleischstücke vom Metzger zum Kurzbraten und frische Ravioli aus dem Kühlregal ergeben ein Menü, das fast mühe-los Geschmack beschert. Sie entdecken da-bei, dass lecker Kochen und gesund Essen durchaus zu einem aktiven, modernen und schnellen Lifestyle passt.

EXPRESS-TIPP

Top-Ten der schnellen Lifestyle-Lebensmittel
► Sushi (Kühlregal)
► Garnelenpfanne (Tiefkühltruhe)
► Hähnchengeschnetzeltes (Tief-kühltruhe)
► Lachsnudeln (Tiefkühltruhe)
► Fischfilet mit Tomaten und Moz-zarella (Tiefkühltruhe)
► Paella-Mischung (Tiefkühltruhe)
► Frische Ravioli mit Ricotta-Basili-kum-Füllung (Kühlregal)
► Lammlachse (Fleischer)
► Marinierte Rindfleischscheiben (Fleischer)

Wenn Gäste kommen

Eine der schönsten Arten, Essen und Trinken zu genießen, macht vielen auch den größten Stress: ein Menü mit Gästen in den eigenen vier Wänden. Ob Weihnachten oder Ostern, Kindergeburtstag oder Überraschungsbesuch mit Appetit – hier sind gastgeberische Qualitäten gefragt, die manch einen ins Schwitzen bringen und das ohnehin knappe Zeitbudget völlig überfordern. Umso dringender vonnöten: ein paar gute Ideen, ein klares Konzept und reichlich Gelassenheit, wenn nicht alles nach Plan verläuft.

GENAUE PLANUNG NIMMT DEN STRESS

Feste lassen sich in aller Ruhe vorbereiten. Stellen Sie einen Menüplan zusammen mit Rezepten, die Sie problemlos vorbereiten können und die Ihnen gut gelingen. Sei es eine Suppe, eine große Schüssel Salat oder kleine Muffins – auch unter Zuhilfenahme von Fertigprodukten. Dann schreiben Sie einen genauen Einkaufsplan und legen fest, wann wer was besorgt. Vergessen Sie dabei nicht Wein und Brot. Den Tag selbst sollten Sie sich zur Vorbereitung frei halten und sich ganz Ihrem Fest widmen. So viel Zeit muss sein.

GÄSTE KOCHEN LASSEN

Sie haben überhaupt keine Zeit zur Vorbereitung? Dann lassen Sie doch Ihre Gäste kochen. Fondue oder Raclette machen's möglich. Oft stehen die dazu notwendigen Gerätschaften hinten im Schrank. Also herausholen und abstauben! Bitten Sie den ei-

nen oder anderen Gast, als Geschenk eine Riesenportion seines Lieblingssalats oder eine große Schüssel seiner besten Dessert-Kreation mitzubringen.

Fondue – Fleisch oder Käse

Für das Fondue müssen Sie nur beim Fleischer Rind, Schwein und Geflügel in mundgerechte Stücke schneiden lassen. Sie füllen leckere Fertigsaucen von mild bis scharf in dekorative Schälchen um und sorgen zudem für einen guten Tropfen. Putzen Sie zusätzlich Paprika, Kohlrabi, Zucchini, Lauch und Karotten, und schneiden Sie daraus einige Würfel. Die können dann im Sud mitgaren. Oder Sie steigen gleich vom Fleisch- zum Käsefondue um und lassen sich eine passende Käsemischung (pro Person ca. 200 Gramm) von Ihrem Käsehändler zusammenstellen. Dazu dann reichlich leckeres Brot einkaufen.

Raclette – jeder wie er mag

Wer einen Raclette-Abend mit seinen Gästen organisieren will, braucht pro Person 250 Gramm Käse, den Sie sich an der Käsetheke in Scheiben schneiden lassen. Dazu gibt es kleine Pellkartoffeln und klein geschnittenes Gemüse wie Zucchini, Zwiebeln, Spargel, Tomaten oder Chinakohl, aber auch Pilze und Apfel-, Aprikosen- oder Ananasstücke. Nicht zu vergessen dünne, kleine Scheiben von Fleisch, Wurst, geräuchertem Lachs oder geräuchertem Schinken. Schon kann das kreative Bruzzeln starten.

Bei Kindergeburtstagen werden die Kids selbst kulinarisch kreativ.

Bitte teilen Sie vorher allen Gästen Ihr Vorhaben und das Risiko von Fettspritzern mit. So bleiben die teure Seidenkrawatte oder das neue Designerkleidchen daheim.

KINDERGEBURTSTAG OHNE ZEITSTRESS

Selbst bei Kinderfesten gelingt es hervorragend, den Spieß einfach umzudrehen: Nicht Sie kochen für die Gäste, sondern die Gäste kochen für Sie – und alle haben einen Riesenspaß. Zwar erwarten die Kinder gleich zu Beginn etwas Süßes. Doch einen Fertigtortenboden mit Beeren zu belegen und einen Tortenguss aus der Packung darüberzugießen, ist schon am Vortag schnell gemacht. Dann muss nur noch die Sahne geschlagen werden. Danach geht's aber erst richtig los. Jeder

darf auf Holzspießen Cocktailtomaten, Paprikastücke, Zucchinischeiben und kleine Würstchen stecken. Die kommen bei Sonnenschein im Garten oder Park auf den Grill und bei schlechtem Wetter in die Pfanne. Dazu gibt es Rosmarin-Kartoffeln aus dem Ofen. Hört sich nach jeder Menge Arbeit an? Sie irren, denn alles macht die gesamte Geburtstagsgesellschaft selbst, die ja beschäftigt werden muss. Die Kleinen schnippeln gerne, am besten mit einfachen Essbesteck-Messern. So besteht keine Gefahr, dass sich jemand ernsthaft verletzt. Weil sich jeder seinen Spieß selbst stecken darf, wird sich nachher auch niemand darüber beschweren, dass es ihm nicht schmeckt! Dazu gibt es eine Auswahl verschiedener Fertigsaucen, die Sie am besten in Schälchen umgefüllt und mit einem Löffel servieren.

Zum Abschluss des Geburtstags macht sich jeder noch einen leckeren Obstteller mit Schokocreme. Die Creme ist gekauft, doch mit halbierten Erdbeeren und Weintrauben, mit Melonenkugeln sowie gerösteten Kokosflocken garniert. Und weil auch das Kleinschneiden der Früchte, das Herauslösen der Melonenstücke mit einem Kugelausstecher, ja sogar das Bräunen der Kokosflocken von den kleinen Geburtstagsgästen selbst gemacht wurde, schmeckt diese Dessertkreation garantiert ganz besonders gut.

ÜBERRASCHUNGSGÄSTE IMMER WILLKOMMEN

Ihr Partner bringt abends unangemeldet den Arbeitskollegen mit nach Hause, die beste Freundin steht vor der Tür, die Verwandtschaft oder ein alter Bekannter und bittet – »nur für eine Nacht« – um ein Notquartier. Für viele eine Schreckensmeldung, doch keine Panik. Sorgen Sie erst einmal für Kaffee, Tee, ein Bier oder ganz nach Wunsch auch für ein Glas Wasser. Damit können Sie Ihren Besuch kurz allein lassen und sich ums Essen kümmern.

Pasta oder Gratin geht immer

Werfen Sie dann einen Blick in Ihre Vorräte. Mit Nudeln, Tomatenpüree, Parmesan und Basilikum (frisch, tiefgekühlt oder als Pesto im Glas) könnten Sie groß italienisch aufkochen. Finden Sie dagegen Kartoffeln, Gemüsereste und Käse, vielleicht sogar etwas Schinken? Dann trumpfen Sie mit einem zünftigen Gratin auf. Alle Zutaten klein schneiden, in eine Auflaufform schichten und mit etwas Milch, in der am besten noch ein Eigelb verschlagen wurde, übergießen. Kräftig mit Salz, Pfeffer, Muskat und Kräutern Ihrer Wahl beziehungsweise Ihres Vorratsschrankes abschmecken. Bis der Auflauf in 45 Minuten fertig ist, können Sie sich ganz Ihrem Besuch widmen und den Eindruck eines souveränen Gastgebers vermitteln. Sollten Sie dann noch ein Dessert aus dem Hut zaubern wollen, schlagen Sie das überzählige Eiweiß – sein Eigelb sorgt gerade im Auflauf für mehr Bindung – zu festem Eischnee und geben zwei Esslöffel Apfelmus oder einen großen fein geriebenen Apfel, vier Esslöffel Quark oder Frischkäse sowie etwas gemahlene Nüsse und zwei Esslöffel Zucker sowie etwas Zimt darunter. Luftig vermengen, auf kleine feuerfeste Förmchen verteilen und im vorgeheizten Backofen bei 200 Grad einige Minuten goldgelb garen. Die Investition von 10 Minuten Arbeit wird Ihnen einen le-

benslangen Ruf als kongeniale, höchst flexible Köchin oder Koch einbringen. Wem die Zutaten für den schnellen Apfelschaum fehlen, der gibt einfach ein, zwei Kugeln Sahneeis auf einen großen Teller, arrangiert – falls vorhanden – einige klein geschnittene Fruchtstücke dazu und dekoriert mit grob gehackter Schokolade und Zimtpulver. Besonders effektvoll machen sich auch Kakao und Puderzucker, die durch ein feines Sieb auf den Teller gestäubt werden. Wer nun noch das Eis mit Zitronenmelisse, einer Walnusshälfte oder Mandelblättchen belegen kann, lenkt gekonnt davon ab, dass es sich einzig um ein Massenprodukt aus dem Supermarkt von nebenan handelt.

Mit schnellen Rezeptideen sind auch Überraschungsgäste kein Problem.

Fünf goldene Ernährung-regeln

Müssen Regeln sein?

Wenn Essen und Trinken Spaß machen sollen, warum dann Regeln? Verderben nicht feste Vorschriften die Freude am Genuss? Ich meine nicht. Ganz im Gegenteil: Leicht nachvollziehbare, klare Hinweise geben Sicherheit. Ähnlich wie auf der Straße Verkehrsregeln nicht den Fahrspaß mindern, sondern erst ermöglichen, helfen einige Ernährungsleitlinien, beim Essen und Trinken nicht auf Kollisionskurs mit dem eigenen Wohlbefinden zu kommen. Wer die fünf goldenen Regeln beherzigt, kann problemlos Genuss und Gesundheit in einen Topf bringen.

Der Vorteil: Sie brauchen sich keinen Kopf mehr zu machen um die vielen sich oft widersprechenden Ernährungsempfehlungen, sondern haben Zeit für wichtigere Dinge im Leben. Also keine Unsicherheit mehr, ob Sie genügend Nährstoffe aufnehmen, ob Ihr Flüssigkeitsbedarf gedeckt ist oder ob Sie die richtigen Fette verzehren – sparen Sie sich ab heute diese Fragen.

Jede dieser fünf Ernährungsregeln ist wissenschaftlich abgesichert und zudem durch vielerlei Erfahrungen bestätigt. Dieses Buch lädt Sie ein, die fünf Regeln selbst auszuprobieren. Sie werden erleben, dass eine Wohlfühlernährung weder viel Zeit noch die Freude am Essen kostet.

Und weil Ihnen das Buch zeigen möchte, dass sich ein knappes Zeitbudget und gesunde Ernährung keinesfalls ausschließen, finden Sie am Ende jeder Regel auch noch eine Extra-Doppelseite mit jeweiligen Express-Tipps. Darin sind viele Ideen für die »Fitness-Küche für Eilige« zusammengefasst.

Patentrezepte gibt es nicht

Die fünf goldenen Regeln auf den nächsten Seiten helfen Ihnen, sich ausgewogen zu ernähren, Ihren Ernährungsalltag gut zu organisieren und auch Ausnahmen zuzulassen. Doch es sind keine Patentrezepte für all Ihre Ernährungsprobleme.

Menschen mit bestimmten Lebensmittelallergien, Unverträglichkeiten oder Verdauungsbeschwerden, mit Diabetes, Rheuma, Magen-Darm-Leiden oder manch anderen Erkrankungen benötigen eine individuelle Hilfe, um zu wissen, was sie essen dürfen und was nicht. Für sie reichen allgemeine Hinweise nicht aus. Stattdessen hilft eine Ernährungsberatung bei einer ausgewiesenen Fachkraft. Sie kann auf persönliche Beschwerden eingehen und mit Ihnen konkrete Lösungen finden.

KEINE HEILSVERSPRECHEN

Ein Buch kann leider »nur« allgemeine Hinweise geben. Ohnehin sollten Sie Patentrezepte, die angeblich schwere Krankheiten heilen oder ihnen vorbeugen können, kritisch hinterfragen. Ob nun die Blutgruppendiät oder das Himalayasalz mit Heilsbotschaften angepriesen wurden, ob Anti-Krebs-Diäten oder Vitaminpräparate wundersame Genesung versprachen, immer wusste eigentlich schon der gesunde Menschenverstand, was Wissenschaftler dann auch bestätigten: Es gibt kein Ernährungsdogma, kein Lebensmittel und schon erst recht kein Nährstoffpräparat, das auf wundervolle Weise allen Menschen Gesundheit beschert.

FLEXIBLE REGELN STATT FESTER VORSCHRIFTEN

Wissenschaftlich nachweisen lässt sich hingegen, dass bestimmte Ernährungsgrundsätze dabei helfen, Gesundheitsrisiken wie Übergewicht, Diabetes oder einen nervösen Magen zu verringern. Wie stark die Ernährung dabei eine Rolle spielt, hängt ganz von der einzelnen Person ab. Jeder kennt das Beispiel des übergewichtigen, stets rauchenden und whiskytrinkenden Winston Churchill. Er hasste Sport, liebte Spiegeleier mit Speck schon zum Frühstück und wurde damit 90 Jahre alt. Bei einer guten, ererbten Konstitution wirkt sich auch eine noch so schlechte Ernährung kaum aus. Doch wissen Sie, welche Gene Sie von Ihren Eltern geerbt haben? Genauso wenig können feste Regeln ein Garant für ewige Gesundheit sein. Verstehen Sie daher bitte die fünf goldenen Ernährungsregeln nicht als bleierne, schwere Pflicht. Erkennen Sie darin Hinweise, die Sie je nach Situation flexibel für sich auslegen und mit Freude und Genuss ausleben können.

SUPER-TIPPS STATT SUPER-GAU

In diesem Buch finden Sie immer wieder spezielle »Gesund-Tipps«. Sie helfen Ihnen, wenn allzu verführerische Versuchungen oder der berühmte »schlechte Tag« die festen Vorsätze zum Stolpern brachten. Flexible Regeln ausnahmsweise zu brechen, ist völlig in Ordnung und bedeutet nicht das Aus oder den Super-GAU. Sie können immer wieder zu den fünf Regeln zurückkommen.

1. goldene Regel:

Drei **Hauptmahlzeiten** am **Tag**

Regelmäßige **Mahlzeiten** liefern Ihnen den gesamten Tag über ausreichend Energie, um morgens schnell wach und abends noch aktiv zu sein. Sie geben Ihrem Alltag Struktur und helfen dabei, dass Ihr Körper den ganzen Tag über im Takt mit seiner inneren Uhr bleibt.

Warum nicht nebenbei essen?

Zum Glück nehmen sich die meisten Menschen noch immer Zeit für drei Mahlzeiten am Tag, weil sie gerne und mit Genuss essen – am liebsten gemeinsam mit anderen. Leider geht der Trend dahin, Essen als störende Unterbrechung der üblichen Tätigkeiten anzusehen. Viele verlassen das Haus ohne Frühstück, weil sie den Tag bereits in Eile beginnen. Und schon heute hätten zwei Drittel aller Berufstätigen gerne mehr Zeit für das Mittagessen. Sie verlegen die Hauptmahlzeit auf den Abend. Vielfach sind Stress und Zeitnot am Arbeitsplatz so hoch, dass auch die beste Kantine nicht dazu ermuntern kann, eine genussvolle Mittagspause einzulegen. Oft fehlt aber auch die Chance, am Arbeitsplatz zu essen. Eine festgelegte Mittagszeit von 30 Minuten, dazu weder Kantine noch ein annehmbares Fast-Food-Angebot in der Nähe – da bleibt es oft nur beim Müsliriegel oder einem Käsebrot, das den knurrenden Magen besänftigt. Manche nutzen die Pause gerne auch für sich, machen kleine Besorgungen und Einkäufe. Sie essen nebenher eine Kleinigkeit im Gehen. Andere brauchen die Zeit, um einmal abzuschalten, und wollen nicht auch noch am Mittagstisch mit den Kollegen über den Beruf sprechen. Es gibt viele Gründe, warum im Job ein ruhiges, entspanntes Mittagessen immer mehr zur Ausnahme wird.

WOHLFÜHLFAKTOR ESSEN UND TRINKEN

Die erste goldene Ernährungsregel spricht nicht ohne Grund von Hauptmahlzeiten. Sie unterscheiden sich von kleinen Zwischendurch-Snacks, weil es etwas längere Auszeiten und Unterbrechungen sind. Sie sind Takt- und Rhythmusgeber im alltäglichen Trott. Wir brauchen diese Pausen. Und daher ist es wichtig, dass wir zumindest die Hauptmahlzeiten im Sitzen einnehmen. Also bitte kein Frühstück und auch kein Mittagessen »to go«. Der Körper – auch Ihrer – braucht diese Ruhe, gerade beim Essen: Denn wer schnell isst, …

▶ lässt dem Körper keine Zeit, auf Sättigungssignale zu reagieren. Erst 15 bis 20 Minuten nach dem ersten Bissen merkt Ihr Stoffwechsel, dass der Appetit nachlässt und die Sättigung beginnt. Wer beim Essen einen Schnellstart hinlegt, hat bis dahin schon weit mehr Kalorien aufgenommen, als der Körper auf Dauer verkraften kann.

▶ überlädt den Magen. Dieser versucht, mit reichlich Magensäure einer drohenden Überfüllung mit Völlegefühl und Unwohlsein zuvorzukommen. Der Zeitstress regt zusätzlich den Magen an, sauer zu reagieren. Riskant wird es, wenn die gereizte Magenschleimhaut mit einer Entzündung reagiert.

▶ kaut zu wenig. Das Kauen bewirkt im Mund, im Magen und im gesamten Darmtrakt, dass die notwendigen Enzyme für die Verdauung in ausreichenden Mengen freigesetzt werden. Kauen bildet quasi den Startschuss für alle Verdauungsdrüsen, sich auf die bevorstehende Arbeit einzustellen. Wird schnell gegessen und damit schlecht gekaut, arbeitet die Verdauung nicht optimal.

GESUND-TIPP

Hilfe bei Sodbrennen

Hektik ist einer der Auslöser von schmerzhaftem Sodbrennen, bei dem ätzende Magensäure in die Speiseröhre gelangt. Hier helfen kleine Mahlzeiten, das Meiden sehr fetter Speisen, der Verzicht auf sprudelndes Mineralwasser und mindestens drei Stunden zwischen der Abendmahlzeit und dem Schlafengehen.

REGELMÄSSIG ESSEN HÄLT FIT

Noch vor einigen Jahren galt die Regel, dass fünf Mahlzeiten am Tag der Gesundheit gut bekommen. Studien zeigten, dass Menschen mit mehreren kleinen Mahlzeiten besser ihr Gewicht im Griff hatten als Menschen, die dreimal oder gar nur zweimal täglich aßen. Die Zwischenmahlzeiten vormittags und in der Nachmittagszeit sollten den beiden üblichen Tagestiefs am Vor- und Nachmittag entgegenwirken und den Stoffwechsel gut über den Tag verteilt mit Energie versorgen. Mittlerweile empfehlen auch viele angesehene Wissenschaftler etwas ganz anderes: Maximal drei Hauptmahlzeiten müssen reichen, Zwischenmahlzeiten sind tabu. So ist der Körper nicht ständig damit beschäftigt, nach einem Essen den ansteigenden Blutzucker wieder zu senken. Das vermeidet Heißhungerattacken und fördert gleichzeitig die Fettverbrennung. So die Meinung einiger Experten, denen andere Experten allerdings widersprechen.

Worüber sich aber weiterhin alle einig sind: Ein fester Rhythmus der Mahlzeiten ist wichtig. Wer sich unregelmäßig ernährt und an einem Tag zwei, an einem anderen fünf Mahlzeiten einnimmt und am nächsten Tag womöglich das Essen ganz auf den Abend verlegt, überlastet langfristig seinen Stoffwechsel. Menschen haben eine innere Uhr, die alle Abläufe im Körper regelt: Sie brauchen festgelegte, wiederkehrende Zeiten gerade beim Essen.

HUNGER IM FÜNF-STUNDEN-TAKT

Das Max-Planck-Institut für Verhaltensphysiologie schickte vor etwa 50 Jahren Versuchspersonen in einen Bunker, der sie völlig von den Eindrücken der Außenwelt abkapselte. Doch auch wenn die Teilnehmer weder am Sonnenstand noch an der Armbanduhr die Tageszeit ablesen konnten, blieben die meisten bei drei Mahlzeiten pro Tag. Jeweils nach rund fünf Stunden stellte sich der Hunger ein, und die Versuchsperson bereitete sich in dem Bunker die nächste Mahlzeit zu. Das Trio aus Frühstück, Mittag- und Abendessen scheint also der menschlichen inneren Uhr zu entsprechen. Bereits Säuglinge verlangen im Schnitt alle vier Stunden nach der Brust. Diesen Essensrhythmus empfiehlt auch der Chronobiologe Maximilian Moser von der Uni Klagenfurt, »mit dem Unterschied, dass Erwachsene in der Nacht durchschlafen«. Er warnt vor dem ständigen Naschen. Es bringe die innere Uhr durcheinander und schadet damit auf Dauer der Gesundheit.

ZWISCHENMAHLZEITEN: JA ODER NEIN?

Wissenschaftler haben sich kritisch alle dazu verfügbaren Daten angesehen – und sind zu keinem einheitlichen Ergebnis gekommen. Entscheiden Sie also selbst, was Ihnen guttut. Wer auf seine Figur achtet oder abnehmen möchte, sollte besonders auf Zwischenmahlzeiten mit reichlich Zucker oder anderen schnell verfügbaren Kohlenhydraten ein kritisches Auge haben. Also möglichst zwischen den Mahlzeiten kein Gebäck, keine Kartoffelchips, kein Brot und schon gar keine Süßigkeiten. All das lässt den Blutzucker ansteigen, und der Körper muss Insulin produzieren, um den Blutzucker in die Zellen zu befördern. Dieses Insulin drosselt gleichzeitig den Fettabbau.

Ideale Snacks für Zwischendurch enthalten immer auch Obst oder Gemüse.

EXPRESS-TIPP

Snacks für Zwischendurch
Diese Snacks stillen Ihren Zwischendurch-Hunger, ohne den Blutzuckerspiegel in die Höhe zu treiben. Das Gute an diesen Snacks: Sie können Sie als Fingerfood gut mit zur Arbeit nehmen und dort essen: Ananasstücke, Apfel, Aprikose, Beeren, Birne, Cocktailtomaten, Fruchtjoghurt ohne Zucker, Gemüsesaft, Gurke, Joghurtdrink ohne Zucker, Kirschen, Paprikastücke, Mandarinen, Möhren, Studentenfutter, Weintrauben.

Machen Sie den Selbstversuch

Probieren Sie einige Tage lang aus, ob Sie ohne die kleinen Snacks durch den Tag kommen. Das gelingt Ihnen leichter, wenn Sie Ihre Mittagsmahlzeit mit einer kleinen süßen Nachspeise beenden. Ab Seite 128 finden Sie kleine süße Snacks. Mit deren Hilfe gelingt es besser, auf Zwischendurch-Happen zu verzichten. Das mag zu Anfang vielleicht schwerfallen, doch versuchen Sie, sich an den Fünf-Stunden-Essrhythmus zu gewöhnen.
Sollte Ihnen das selbst nach einer Woche nicht gelingen und der Magen regelmäßig knurren oder der Blutzucker in den Keller sinken, braucht Ihr Körper etwas zwischendurch. Gute Ideen für gesunde Snacks ab Seite 126.

Ernährung im Takt von früh bis spät

Morgens mit leerem Magen aus dem Haus und spätabends üppig genießen, solch ein Ernährungsrhythmus wird den Körper auf Dauer weder aktiv noch gesund erhalten.

MORGENSTUND HAT FRÜHSTÜCK IM MUND

Frühstücke wie ein Kaiser, speise zu Mittag wie ein Edelmann, und esse abends wie ein Bettler. Dem alten Sprichwort kann die heutige Ernährungswissenschaft nur recht geben – ganz besonders beim Frühstück: Denn das muss die über Nacht geleerten Kohlenhydrat-Speicher wieder füllen. Ein regelmäßiges Frühstück hält die Gefäße, das Herz und sogar das Gehirn fit – sagt die Wissenschaft. Kein Wunder, immerhin sind die grauen Zellen voll und ganz auf Kohlenhydrate als Energielieferanten angewiesen. Nur damit starten Sie topfit in einen arbeitsreichen Tag. Kohlenhydrate aus Brötchen, hellem Brot und Marmelade setzt der Stoffwechsel blitzschnell in Blutzucker um, und gibt damit für Muskelkraft und Konzentrationsvermögen einen kurzen, aber heftigen Energieschub. Damit der Körper den gesamten Vormittag über mit länger verfügbaren Kohlenhydraten versorgt bleibt, sollten Früchte wie Äpfel, Kiwis, Trauben, Mandarinen oder Melonen nicht auf dem Frühstückstisch fehlen. Die schmecken sogar allen, die es bereits morgens eher würzig-pikant mögen und ihr Brötchen gern mit Schinken, Käse oder Kräuterquark genießen. Am Ende dieser ersten Ernährungsregel finden Sie ab Seite 41 zahlreiche Ideen für ein

Express-Frühstück und im Rezeptteil ab Seite 98 noch viele Rezepte, darunter sogar eine Walnusscreme für den Vorrat. Suchen Sie sich das Frühstück aus, das Sie am liebsten mögen und das Sie jeden Morgen aus dem warmen Bett lockt.

Tipps für Frühstücksmuffel

Gerade in der Früh haben die meisten gerne ihr gewohntes Frühstücksritual. Wenn dieses aber nur aus einem Schluck Kaffee auf dem Sprung zur Arbeit besteht, sollten Sie drin-

---

Top Ten der Fast-Food-Frühstücke

1. Obst-Shake aus Früchten, Milch oder Joghurt
2. Fruchtjoghurt mit Brötchen und Ei
3. Flakes mit Milch und frischen Früchten
4. Fruchtsalat mit Quark
5. Vollkorntoast mit Quark, Honig oder Marmelade
6. Baguettebrötchen mit Tomaten und Mozzarella
7. Körnerbrötchen mit Krabbensalat
8. Paninibrötchen mit Frischkäse und Kräutern
9. Schinken-Sandwich mit Joghurtcreme
10. Fruchtpüree

gend überlegen, ob Sie morgens nicht zumindest ein oder zwei Scheiben Vollkorntoast oder Knäckebrot mit Schinken belegen oder mit etwas Quark und Marmelade bestreichen. Typische Morgenmuffel, die kurz nach dem Aufstehen noch keinen Bissen mögen, können sich mit einem schnell gemixten Drink aus Säften oder Obst mit dem Nötigsten versorgen, um damit die ersten Stunden des Alltags gut zu meistern. Dann sollte aber unbedingt ein zweites Frühstück hinzukommen. Nehmen Sie sich dazu Obst, Müsli und/oder ein belegtes Brot mit zur Arbeit. Selbst Fast-Food-Restaurants tischen bereits am Morgen empfehlenswerte Frühstücksideen auf.
Wichtig: Essen Sie nicht ständig eine Kleinigkeit, sondern machen Sie besser eine kurze Pause, um in Ruhe Ihr erstes und/oder zweites Frühstück zu genießen.

KRAFTSTOFFE AM MITTAG

Bei den meisten Berufstätigen kommt das Mittagessen zu kurz. Nur ein Drittel nimmt sich Zeit dafür. Die übrigen begnügen sich mit einer Kleinigkeit. Vorbei ist die Zeit, in der das Mittagessen für jeden die größte Hauptmahlzeit des Tages war. Ein Essen am Tisch findet bei immer mehr Menschen ausschließlich abends statt. Dabei brauchen wir mittags Energie für Muskeln und Nerven, um den kräftezehrenden Berufsalltag optimal zu meistern. Fortschrittliche Arbeitgeber wissen das und geben Geld für eine gute Kantine aus. Das motiviert ihre Angestellten und verhilft ihnen zu genügend Power für einen arbeitsreichen Nachmittag. Sollte Ihre Kantine ein Essen anbieten, das eher dem Kalorienbedarf von Schwerstarbeitern entspricht oder das Ihnen so gar nicht

schmeckt, reden Sie mit dem Koch. Auf jeden Fall kann er einen einfachen Salat anbieten. Doch auch ohne Kantine muss Ihre Arbeitskraft nicht im nachmittäglichen Nährstofftief versinken: Sie haben die Wahl zwischen ganz unterschiedlichen Salatrezepten, die Sie problemlos mit zur Arbeit nehmen können. Dazu ein Stück Brot oder zum Abschluss etwas Obst oder einen Joghurt, und das Mittagessen gibt Ihnen Schwung für die zweite Tageshälfte. Bitte gönnen Sie sich auch hier zum Essen etwas Ruhe. Computer ausschalten, Telefon auf den Kollegen umstellen oder – noch besser – sich für kurze Zeit woanders als im Büro ein ruhiges (Sitz)Plätzchen suchen. Praxisgerechte Hinweise für kalte Hauptmahlzeiten zum Mitnehmen finden Sie am Ende dieser Regel auf Seite 42 und weitere Rezepte ab Seite 98.

Schnelle Welle für die kurze Mittagspause

Wollen Sie mittags etwas Warmes im Bauch haben, belebt ein kleines Mikrowellengerät Ihren Menüplan: die zahllosen Suppen aus Tüte oder Dose gern mit einigen 3-Minuten-Nudeln, Tiefkühlkräutern, -klößchen oder -krabben angereichert, bringen jede Menge Abwechslung. Fast genauso schnell werden die diversen Tiefkühl-Fertiggerichte in der Mikrowelle gar. Wer es ganz gesund mag, gart sich eine TK-Gemüsemischung (Leipziger Allerlei, Asia, Balkan – ganz nach Geschmack) und hat für die nötige Würze einen kleinen Salz- und Pfefferstreuer sowie ein kleines Fläschchen Walnuss- oder Olivenöl dabei. Oder Sie kochen zu Hause ohnehin etwas Leckeres, das sich einfrieren lässt. Bereiten Sie mehrere

Portionen zu: Ab damit in die Tiefkühltruhe, dann haben Sie bei Bedarf immer etwas für die Mittagspause parat. Für die Supergestressten mit der berühmten 5-Minuten-Mittagspause kommt im Mikrowellengerät das Wasser für die heiße Fertigbrühe im Nu auf Kochtemperatur und schmeckt zur Stulle.

EXPRESS-TIPP

Fast-Food-Alternativen

Ihr Arbeitsplatz liegt mitten in der Stadt? Dann haben Sie die Auswahl zwischen verschiedenen Schnellimbissen und Fast-Food-Restaurants, in denen Sie täglich ein anderes empfehlenswertes Menü finden können. Hier eine Auswahl:

▶ Salat mit beliebigem Dressing (außer Mayonnaise)
▶ Wrap mit Salat und gegrilltem Hähnchen
▶ Wrap mit Thunfisch, Lachs oder Garnele
▶ Sandwich mit Hähnchenfleisch, Rindfleisch oder vegetarisch ohne Käse
▶ Kartoffelecken mit Dip (außer Mayonnaise)
▶ Sushi-Box
▶ Bismarck-Hering-Baguette
▶ Räucherlachs-Sandwich
▶ Asia-Nudelsuppe
▶ Gemüsepizza

ABENDESSEN: WOHL BEKOMM'S!

Der Tag ist rum, und jetzt haben die meisten Menschen endlich etwas mehr Zeit, um gemütlich zu essen – und gerade da streiten sich die Experten. Machen Abendkalorien nicht dicker als die vom Frühstück oder Mittagessen? Alle, die erst abends zur Ruhe kommen, können beruhigt weiter genießen. Kalorie ist Kalorie und wiegt morgens genauso schwer wie abends.

Was zu beachten ist, sind die Kohlenhydrate: Sie führen dazu, dass der Insulinspiegel ansteigt. Doch weil viel Insulin den Stoffwechsel davon abhält, Fette zu verbrennen, bleibt es in der Nacht nicht ohne Folgen. Gerade im Schlaf läuft der Fettabbau auf Hochtouren, wenn nicht zuvor durch viele schnell verdaute Kohlenhydrate der Blutzucker in die Höhe schnellt und damit der Körper Insulin ausschüttet. Sie dürfen und sollten abends trotzdem in Ruhe schlemmen, doch nicht allzu üppige Kohlenhydrate, die schnell den Blutzuckerspiegel in die Höhe pushen.

Also bei Nudeln, Brot, Reis und Kartoffeln nur kleine Portionen nehmen – sorry. Dafür darf es mehr Fleisch, Fisch, Gemüse und Obst sein. Was halten Sie von einer Gemüsepfanne mit Lachsfilet oder Geflügelbruststreifen? Wie würde Ihnen ein Tomaten-Mozzarella-Auflauf schmecken oder auch gegrillte Garnelenspieße mit Cocktailtomaten und Zucchinischeiben? Natürlich darf es auch ein Salat sein. Nur achten Sie darauf: Abends will auch die Verdauung langsam zur Ruhe kommen. Da kann bei so manchem die Rohkost kurz vorm Schlafengehen nur halb verdaut im Magen liegen und die Bettruhe erheblich stören. Besser für den Abend eignen sich Suppen.

GESUND-TIPP

Abendsuppe statt Abendbrot
Suppen eignen sich besonders gut als Abendessen. Weil Flüssiges nicht den Magen belastet, stört es nicht beim Einschlafen. Außerdem lassen sich die meisten Suppen gut vorbereiten, portionsweise einfrieren und schnell auftauen. Ideal für alle, die nach der Arbeit den abendlichen Hunger schnellstmöglich stillen möchten.

Wer auch abends kaum Zeit hat, findet am Ende dieses Kapitels (siehe Seite 43) einige Express-Tipps für warme Mahlzeiten – oder auf den Speisekarten der meisten Restaurants eine Auswahl an durchaus empfehlenswerten Gerichten (siehe Seite 23).

Hier fällt das Abendessen aus: Dinner Cancelling

Auf das Abendessen vollständig zu verzichten und ab dem Nachmittag nichts mehr zu essen, das probieren viele aus. Dieses sogenannte Dinner Cancelling verspricht überraschende Abnehmerfolge, weil bei dieser Diät die nächtliche Fettverbrennung in keinster Weise gestört wird – es sei denn, Ihr knurrender Magen weckt Sie mitten in der Nacht. Wer dann an den Kühlschrank geht oder gar den Schokovorrat plündert, vor dem sind keine Kalorienberge mehr sicher. Er sollte besser

abends etwas essen. Sonst riskiert er, nach Mitternacht vom Bärenhunger überfallen zu werden, der sich weder von guten Vorsätze noch einem eisernen Willen an die Kette legen lässt.

GESUND-TIPPS

Wenn's mit den drei Hauptmahlzeiten nicht klappt
- Kein Hunger auf Frühstück: Dann mixen Sie aus 100 ml Buttermilch, 100 ml Apfelsaft und 1 TL Vanillezucker einen erfrischenden Drink und essen einen Apfel dazu.
- Statt ruhigem Mittagessen ein Meeting mit fetten Snacks und reichlich Stress: Dann schalten Sie nach Ihrem Meeting zumindest 5 Minuten ab, und genießen Sie etwas Obst (Trauben, Aprikosen, Erdbeeren, Apfel, Mandarinen – ja nach Saison) mit allen Sinnen.
- Keine Kochlust am Abend: Besuchen Sie ein Restaurant, bestellen Sie eine Suppe ohne Sahne, Steak oder Fisch mit viel Salat und Gemüse, und bevorzugen Sie beim Nachtisch etwas mit vielen Früchten. Seite 23 gibt zusätzliche Tipps für ausländische Restaurants. Fast-Food-Hinweise siehe grüner Kasten links.

KEIN ERNÄHRUNGS-CHAOS TROTZ SCHICHTDIENST

Sieben Tage lang erst am Nachmittag zur Arbeit gehen, dann eine Woche in aller Früh aufstehen, und danach noch eine Woche lang die Nacht zum Tag machen – die Arbeit in Schichten ist weit verbreitet und trifft den Arzt ebenso wie die Krankenschwester, den Facharbeiter wie die Flugbegleiterin oder Verkäuferin. Bei Schichtdienst hilft nur ein strikter Ernährungsrhythmus, damit der Stoffwechsel nicht völlig aus dem Takt gerät. Denn wechselnde Arbeitszeiten führen oft zu einem Essverhalten, das nicht mehr viel mit gesunder Ernährung zu tun hat. Umso wichtiger, sich selbst einen Ernährungsplan aufzustellen.

Für die Frühschicht

Vor der Arbeit frühstücken, zumindest einen Drink aus Obstsaft gemixt mit Buttermilch.
Während der Arbeit ein zweites Frühstück: etwa belegtes Vollkornbrot mit Schinken, Geflügelmortadella, Putenaufschnitt oder einem Kräuterfrischkäse. Oder vorbereiteten Salat mitnehmen (Rezepte ab Seite 98).
Wer dazu keine Zeit hat, sucht im Supermarkt nach einem Fertigsalat mit weniger als 10 g Fett pro 100 Gramm.
Zum Brot oder Salat passt immer etwas Obst.
Nach der Arbeit kräftiges Mittagessen und abends möglichst etwas Leichtes essen, ideal wäre eine Suppe.

Für die Nachmittags- und die Spätschicht

Morgens gut frühstücken.
Vor der Arbeit normal essen.
Bei der Arbeit Brote oder Salate (siehe Frühschicht).
Nach der Arbeit ein leichtes Essen wie eine heiße Suppe (Fertigsuppe oder vorbereitet), etwas Obst, einige Scheiben Schinken, Cocktailtomaten oder Tomaten mit Mozzarella. Fettes und schweres Essen belastet zu diesen späten Stunden den Stoffwechsel und stört den Schlaf.

Für die Nachtschicht

Vor der Arbeit essen, worauf man Hunger hat.
Bei der Arbeit Vollkornbrot oder Salate (siehe Frühschicht). Wer am Arbeitsplatz eine Mikrowelle hat, kann sich dort eine Suppe heiß machen.
Nach der Arbeit gleich ins Bett. Wenn der Hunger am Einschlafen hindert, einen kleinen Imbiss aus Obst, Schinken, Gemüsestückchen oder Gemüsesaft einnehmen. Und dann ab ins Bett, den Schlaf nachholen!
Nach dem Aufstehen Ein Frühstück mit Gemüse und Obst gibt Ihnen neue Energie.

Schichtdienst kann Magen und Darm reizen. Leichte Suppen entspannen die Verdauung.

Express-Tipps für die Hauptmahlzeiten

Fürs erste Frühstück

0 Sek.

Banane

5 Sek.

Apfel, frisch oder püriert
Einen frischen Apfel waschen und hineinbeißen oder einige EL Fruchtpüree (Fertigprodukt) mit 1 EL Sahne verrühren.

15 Sek.

Müsli
3 EL Müslimischung aus Getreideflocken, Trockenfrüchten und Nüssen (Fertigprodukt oder selbst gemacht – siehe Basisrezept Seite 86) mit etwa 100 ml Milch übergießen.

20 Sek.

Bananen-Shake
1 Banane schälen, mit etwa 100 ml Apfelsaft im Mixer pürieren.

1 Min.

Käse-Paprika-Brot
1 Scheibe Brot dünn mit Ajvar (Paprikapüree im Glas) bestreichen und mit 1 Scheibe Käse belegen.

1,5 Min.

Fruchtjoghurt
5 EL fertiges Fruchtpüree oder Konfitüre (selbst gemacht oder Glas) mit 1 Becher Joghurt ohne Zucker verrühren, bei Bedarf wenig Vanillezucker, Zimt oder Nelkenpulver zugeben.
Variante: Etwas Müsli-Mischung (Fertigprodukt oder selbst gemacht – siehe Basisrezept Seite 86) unterrühren.

Fürs zweite Frühstück

0 Sek.

Fruchtschnitte
Kleiner Riegel aus reinen Fruchtbestandteilen (Reformhaus, Naturkostladen, Drogeriemarkt)

Mini-Packung Studentenfutter
(Nuss-Rosinen-Mischung 40 g)

0–30 Sek.

Frische Früchte
Früchte bei Bedarf waschen, trocknen, gut verstauen und ggf. aufschneiden

30 Sek.

Nussquark
4 EL Magerquark mit 1 EL fertig gehackten Nüssen verrühren, mit ½ Päckchen Vanillezucker süßen.

Rohkostfrühstück

150 g Cocktailtomaten waschen oder
1 Möhre schälen oder
1 kleine Gurke waschen und in Stücke
schneiden oder
1 Paprika waschen, von Kernen befreien
und in dicke Streifen schneiden.
Gut verpacken und zum Würzen einen
Mini-Salz- und Mini-Pfeffer-Streuer mitnehmen.
Variante: Mit Kräuteraufstrich (Kühltheke oder selbst gemacht – siehe Basisrezept Seite 86/87) servieren.

Pikantes Knäcke- oder Knusperbrot

Zwei Scheiben Knäcke- oder Knusperbrot mit Kräuteraufstrich (Fertigprodukt
oder selbst gemacht – siehe Basisrezept Seite 86/87), Ajvar oder einem
Gemüseaufstrich bestreichen

Für die kalte Hauptmahlzeit

Gemüsesalate

Fertigsalat aus dem Kühlregal, mit maximal 20 Gramm Fett und 500 kcal.

Edelsushi

Sushi-Mischung aus dem Supermarkt
mit etwas Sojasauce servieren.

Bunter Blattsalat

½ Beutel gemischter Salat mit 5 EL Salatsauce (Fertigprodukt oder selbst gemacht – siehe Basisrezept Seite 87) vermengen, mit Salz und Pfeffer würzen.

Fischhäppchen

Geräucherten Fisch in Stücke schneiden,
dazu Brot oder 100 g Dosenfisch mit To-
matensauce auf 2 Scheiben Brot streichen und in kleine Häppchen schneiden.

Lachssandwich

2 Toastbrotscheiben dünn mit Meerret-
tich-Sahne oder Kräuteraufstrich (Fertigprodukt oder Basisrezept Seite 86/87)
bestreichen, eine Toastbrotscheibe mit
2 Scheiben Räucherlachs belegen, zweite Scheibe darauflegen, diagonal durch-
schneiden.

Gefüllte Melone

Melonenhälfte entkernen, mit einem
Mix aus 2 EL Joghurt und 1 EL Müslimischung (Fertigprodukt oder selbst gemacht – siehe Basisrezept Seite 86)
füllen und auslöffeln.

Tex-Mex-Salat

1 große Tomate in schmale Streifen
schneiden, mit 100 g Kidneybohnen
(Dose) und 150 g Mais (Dose) vermengen und mit Salz, Pfeffer und Paprikapulver pikant würzen.

Caprese-Salat

150 g Cocktailtomaten waschen, halbieren, dazu ½ Beutel kleine Mozzarella-Kugeln und 2 EL Salatsauce (Fertigprodukt oder Basisrezept Seite 87) geben.

Gefüllte Krabben-Avocado

Eine Avocado halbieren, Kern entnehmen, Fruchtfleisch mit einem Löffel aus der Schale trennen, mit wenig Zitronensaft pürieren und mit Krabben (Kühlregal) vermengen, mit Salz und Pfeffer würzen und zurück in die ausgehöhlten Avocadoschalen füllen.

Für die warme Hauptmahlzeit

Gemüsesuppe

Gemüsemischung (tiefgekühlt oder Basisrezept Seite 88) als Suppeneinlage im kochenden Wasser auftauen und mit Suppenpulver kurz aufkochen.

Kräuterrolle

Fertigpfannkuchen (Kühltheke im Supermarkt) in der Mikrowelle oder mit wenig Öl in der heißen Pfanne kurz erhitzen, mit Kräuteraufstrich (Fertigprodukt oder Basisrezept Seite 86/87) bestreichen, einrollen.

Minutensteaks mit Erbsen

Zwei Pfannen mit wenig Fett erhitzen, in einer Pfanne dünne Steaks je Seite 30 Sekunden braten. In der zweiten Pfanne Tiefkühlerbsen 1 Minute bei höchster Hitze unter ständigem Rühren garen. Beides mit Salz, Pfeffer und Currypulver würzen.

Blitznudeln

Salzwasser zum Kochen bringen, 3-Minuten-Nudeln zugeben. Nudel-Sauce (Fertigprodukt) erhitzen, mit Salz und Pfeffer würzen und mit den Nudeln servieren. Variante: Brokkoli oder Champignons (tiefgekühlt) in der Nudelsauce mit erhitzen. Mit Salz und Pfeffer würzen.

Gefüllte Pfannkuchen

Tiefkühl-Spinat oder mexikanische Gemüsemischung in der Mikrowelle oder mit wenig Öl im Topf kurz erhitzen. Mit Salz, Pfeffer, Muskat oder Currypulver würzen. Gleichzeitig Fertigpfannkuchen (Kühltheke im Supermarkt) erhitzen, mit Spinat oder Gemüsemischung füllen.

Wokpfanne

Asia-Gemüse (tiefgekühlt) mit wenig Brühe bei höchster Hitze in einer Pfanne oder in der Mikrowelle garen. Mit Salz, Pfeffer und Currypulver würzen.

2. goldene Regel:

Dreimal **täglich** eine Handvoll **Gemüse**, Salat oder Obst

Ihr Reichtum an **Mineralstoffen, Vitaminen** und zahllosen **Bioaktivstoffen** ist unübertroffen, hält uns munter, leistungsfähig und frisch. Deshalb dürfen Obst und Gemüse die Hauptrolle in unserer **Fitness-Ernährung** übernehmen und bei keiner Hauptmahlzeit fehlen.

Für mehr Power und Schwung

Obst und Gemüse sind die größten Fitmacher und Bodyguards. Keiner Lebensmittelgruppe konnten in großen Studien so viele positive Effekte auf Herz und Gefäße, auf Blutdruck, Knochenbau und als Krebsschutz nachgewiesen werden. Ob nun im Winter der Feldsalat, im Frühjahr der Spargel, im Sommer die Beeren und im Herbst der Kürbis – die große Vielfalt an Obst und Gemüse vom Apfel bis zur Zwiebel bietet uns neben vielen Vitaminen und Mineralstoffen eine bislang unübersehbare Zahl von Gesundheitsstoffen. Den hohen Wert dieser sogenannten Bioaktivstoffe lernen Ernährungsforscher erst nach und nach kennen. Was jetzt schon auf der Hand liegt: Keine Vitaminpille und kein Nährstoffpulver kann all das bieten, was die bunte Palette an Obst und Gemüse in sich birgt.

WARUM EINE HANDVOLL?

Doch die Regel klingt ziemlich ungenau: Wie viel ist eine Handvoll Obst und Gemüse? 100 oder 200 Gramm? Kann denn eine solche Empfehlung überhaupt wissenschaftlich sein? Außerdem gibt es kleine und große Hände. Doch genau hier liegt der Grund für diese ungewohnt unpräzise Angabe: Es gibt auch kleine und große Menschen, Kinder und Erwachsene, Männer und Frauen. Je größer der Mensch, desto größer in aller Regel nicht nur seine Hand, sondern auch sein Bedarf an den wertvollen Nährstoffen aus Obst und Gemüse. So passt sich diese Regel viel genauer den persönlichen Verhältnissen an als jede vermeintlich wissenschaftliche Grammangabe.

Gut gegen Heißhunger

Ohnehin geht es nicht um exakte Mengen, sondern um Ernährungsgewohnheiten. Wer sich diese Regel zu Herzen nimmt, hat neue Geschmackserlebnisse und gewöhnt sich oft bereits nach einigen Tagen daran, dass ihm die Energie liefernden Zuckerstoffe im Obst – bis auf Banane – langsamer zur Verfügung stehen als bei den sonst üblichen Süßigkeiten, herkömmlichen Snacks oder Mahlzeiten mit viel Getreide oder Kartoffeln. Der Blutzucker steigt zwar langsamer an, bleibt dafür aber länger oben. Der Effekt: Es dauert etwas länger, bis der Heißhunger gestillt ist, aber Sie schlaffen nach einer Mahlzeit nicht ab, sondern bleiben fit.

GESUND-TIPP

Heißhunger schlau stillen
Gerade wenn Sie einem schnell aufkommenden Hungergefühl nicht ausweichen können, essen Sie ein Stück Obst, egal ob Apfel, Mandarine oder eine Kiwi – nur keine Banane! Danach können Sie immer noch ein Stück Schokolade oder einen Keks essen. Das Obst vertreibt das Süßigkeitsverlangen langfristig, und Sie müssen nicht ständig ans Essen denken.

Täglich reichlich Früchte – das ist schneller Genuss und beste Gesundheitsvorsorge.

REICHEN DREI PORTIONEN?

Es gibt eine weltweite Kampagne für gesünderes Essen, die sich unter dem Titel »5 am Tag« ein hohes Ziel gesetzt hat: Pro Tag je drei Portionen Gemüse und zwei Portionen Obst, wohlwissend dass die meisten Menschen davon weit entfernt sind, selbst wenn eine Portion auch ein Glas reiner Frucht- oder Gemüsesaft sein darf.

Dieses Buch gibt sich hingegen mit »nur« drei Portionen zufrieden. Schließlich soll das Ziel nicht zu hochgesteckt werden und auch für viel beschäftigte Menschen gut zu erreichen sein. Der eigentliche Grund für die drei Portionen: Oft reichen schon diese Mengen, um gesundheitliche Erfolge zu erzielen. Vor allem wer sich bisher recht gemüsearm ernährt hat, profitiert am meisten von kleinen Veränderungen der Essgewohnheiten. Es lohnt sich also, auf dem Teller neben Rinderbraten oder Roulade dem Gemüse einen grö-

ßeren Platz einzuräumen, gelegentlich zum Apfel zu greifen oder zu entdecken, dass auf der Scheibe Brot auch Tomaten-, Gurken- und Radieschenscheiben Platz haben.

Schon wenn aus einer Portion Obst und Gemüse pro Tag zwei bis drei werden, nimmt das Risiko für einzelne Krebsarten beträchtlich ab. Hier bringt die vierte oder fünfte Portion kaum noch weitere Vorteile. Und bei Herz-Kreislauf-Erkrankungen liefern ebenfalls bereits drei Portionen einen nachweisbaren Schutz, der sich allerdings durch noch mehr gesundes Grünzeug steigern lässt. Daher versteht die 2. goldene Regel die drei Portionen als Minimum, es dürfen auch mehr sein!

Ampelregel: Rot, Gelb, Grün
Die unübersichtliche Vielzahl der Bioaktivstoffe verunsichert auf den ersten Blick. Wie schafft man es, all diese wichtigen Substanzen in ausreichenden Mengen aufzunehmen und keinen Stoff zu vernachlässigen? Am besten mit mindestens drei Portionen Obst und Gemüse pro Tag – und diese Portionen nach Möglichkeit in den drei Gemüse- und Obstfarben Rot, Gelb und Grün zusammenstellen. Das verspricht tägliche Abwechslung und ein optimales Angebot an allen wichtigen Bioaktivstoffen.

Was Obst und Gemüse so gesund macht

Sicher spielen viele Gründe zusammen, warum diese Lebensmittel zum Besten gehören, was wir auf den Tisch bringen können: Mit Ausnahme von Oliven und Avocados enthalten sie fast kein Fett. Daher gelten sie zu Recht als besonders figurfreundlich und als bestes Rezept gegen Übergewicht, das leider zunehmend zum Problem wird, weil es Krankheiten begünstigt.

Dass Abnehmen deutlich besser mit mehr Karotten, Kohl, Kirschen & Co. funktioniert, konnten Studien mehrfach nachweisen. In unserer Ernährung machen Obst und Gemüse nur acht Prozent der Kalorien aus, liefern jedoch die Hälfte der Gesamtballaststoffe. Durch Ballaststoffe sättigen Obst und Gemüse auch mit wenig Kalorien sehr gut.

Obst und Gemüse sind für drei Viertel der Vitamin-C-Zufuhr verantwortlich, stehen in der Rangfolge der Eisen-Versorger nach dem Getreide an zweiter Stelle und sind mit einem Anteil von nicht weniger als 77 Prozent unangefochtene Spitzenreiter aller Betacarotin-Quellen. Diese sogenannten Radikalfänger – neben Vitamin C vor allem die Carotinoide und viele andere Bioaktivstoffe – sind wichtige Wirkstofflieferanten im Kampf gegen zahlreiche Krebsarten.

Pharmazeuten erhoffen sich bislang vergeblich, die gesundheitsfördernden Substanzen isolieren und sie dann als Medikament oder Nahrungsergänzungsmittel anbieten zu können. Auf einige Gesundheitseffekte können sich die Experten ohnehin noch keinen Reim machen. So kennt die Wissenschaft seit vielen Jahren den knochenstärkenden Anti-Osteoporose-Effekt von Obst und Gemüse. Doch wie diese Vitalstoffbooster es genau bewerkstelligen, dass die Knochendichte ansteigt, bleibt vorerst ein Geheimnis.

BIOAKTIVSTOFFE – BESCHÜTZER DES KÖRPERS

Nicht nur Vitamine und Mineralstoffe braucht der Organismus, um Knochen, Abwehrkraft, Kreislauf oder Konzentration zu stärken. Für unsere Gesundheit sind weit mehr Stoffe verantwortlich. Wissenschaftler entdeckten in den letzten Jahren zahllose Substanzen, sogenannte Bioaktivstoffe, die den Cholesterinspiegel ausbalancieren, den Blutdruck senken, die Zellen gegen aggressiv-zerstörerische Substanzen schützen oder auch den Blutfluss fördern und Krankheitskeime bekämpfen. Die Pflanzen bilden Bioaktivstoffe beispielsweise zur Abwehr von Bakterien und Fressfeinden und als Schutz vor Krankheiten. Zudem dienen Farbstoffe und Aromen dazu, um auf sich aufmerksam zu machen. Denn viele Samen verbreiten sich dadurch, dass sie gefressen und später ausgeschieden werden. Wie viele verschiedene Bioaktivstoffe die Natur bildet, weiß niemand. Experten schätzen die Zahl auf 100.000 und mehr, von denen nur ein Bruchteil genau bekannt ist.

Die kurze Übersicht auf der nächsten Seite kennzeichnet die zehn verschiedenen Substanzklassen, denen eines gemeinsam ist: Sie finden sich ausschließlich in pflanzlichen Lebensmitteln – vor allem in Gemüse und Obst.

Wie Bioaktivstoffe Sie schützen

Bioaktivstoff	Lebensmittel	Wirkung
Carotinoide: Gelb, orange und rote Farbstoffe	Karotten, Paprika, Tomaten, Spinat, Melonen, Kürbis	▸ senken Risiko für bestimmte Krebserkrankungen ▸ schützen Herz und Kreislauf ▸ schützen vor altersbedingten Augenerkrankungen ▸ stärken das Immunsystem ▸ entzündungshemmend
Flavonoide: hellgelbe, blaue, rote und violette Farbstoffe	Äpfel, Beeren, Zwiebeln, Grünkohl, Auberginen, Zwiebeln, Tee	▸ senken Risiko für bestimmte Krebserkrankungen ▸ schützen Herz und Kreislauf ▸ stärken das Immunsystem ▸ entzündungshemmend ▸ blutdrucksenkend ▸ fördern das Denken
Glucosinolate: scharfe Aromastoffe	Kohlgemüse, Rettich, Radieschen, Kresse, Senf	▸ senken Risiko für bestimmte Krebserkrankungen ▸ stärken das Immunsystem ▸ wirken gegen Krankheitskeime
Phenolsäuren: Bitterstoffe	Kaffee, Tee, Vollkorn, Nüsse, Wein	▸ senken Risiko für bestimmte Krebserkrankungen
Phytoöstrogene: Östrogenähnliche Substanzen	Leinsamen, Soja, Getreide	▸ senken Risiko für bestimmte Krebserkrankungen ▸ stärken das Immunsystem
Sulfide: Reizende Aromen	Zwiebeln, Lauch, Knoblauch, Schnittlauch	▸ senken Risiko für bestimmte Krebserkrankungen ▸ schützen vor Krankheitskeimen ▸ schützen Herz und Kreislauf ▸ senken den Blutdruck ▸ verbessern die Cholesterinwerte
Phytosterine: Pflanzenhormon	Nüsse, Samen, Soja	▸ verbessern die Cholesterinwerte
Saponine: Bitterstoffe	Spargel, Hülsenfrüchte, Hafer	▸ wirken gegen Krankheitskeime
Ballaststoffe: Unverdauliche Faserstoffe	Vollkorngetreide, Hülsenfrüchte, Möhren, Fenchel, Beeren, Kohlgemüse	▸ aktivieren den Darm ▸ verbessern Cholesterinwerte ▸ senken Risiko für bestimmte Krebserkrankungen

Für mehr Fitness und Vitalität

Die Mittelmeerländer zeigen uns, wie gut und einfach sich drei Portionen Gemüse und Obst in den Alltag einbauen lassen. Ob griechischer Bauernsalat, eine italienische Minestrone, ein französisches Ratatouille oder die im ganzen Mittelmeerraum gern gegessenen gefüllten Gemüsespezialitäten: Bei fast allen mediterranen Rezepten spielen frisches Gemüse und aromatische Kräuter eine Hauptrolle. Neue Zahlen zeigen, dass beispielsweise die Griechen und Italiener weit mehr als doppelt so viel Obst und Gemüse genießen wie die Deutschen: einer der Gründe, warum Menschen in Italien oder Griechenland eine höhere Lebenserwartung haben als in Deutschland. Machen wir es also den Anwohnern des Mittelmeers nach, und sorgen wir für eine farbenfrohe, abwechslungsreiche Auswahl an Obst und Gemüse. Auf den ersten Blick mag das heimische Angebot weniger attraktiv sein als die Auswahl eines Wochenmarktes am Mittelmeer. Allerdings finden wir in den hiesigen Supermärkten oft die gleichen Produkte, wenn auch nicht immer so ausgereift und deswegen weniger aromatisch. Da hilft es, sich auf einheimische, regionale Lebensmittel der Saison zurückzubesinnen.

Das sind im Winter unter anderem viele verschiedene heimische Kohlsorten oder der herzhafte Feldsalat mit reichlich Vitamin C und viel Betacarotin. Das Frühjahr lockt mit zartem Spinat, Spargel und bald darauf Erdbeeren. Und im Sommer wie im Herbst kann sich unser Gemüseangebot durchaus an dem eines mediterranen Wochenmarktes messen lassen.

MITTELMEER-ERNÄHRUNG INS DEUTSCHE ÜBERSETZT

International gilt die traditionelle mediterrane Ernährung mit viel Obst und Gemüse als

---

GESUND-TIPP

Rohkost nicht immer optimal

Salate aus rohem Gemüse und Obst enthalten noch sämtliche hitzeempfindlichen Vitamine, insbesondere die Folsäure und das Vitamin C. Gut so – doch Rohkost ist nicht immer optimal. Damit zum Beispiel der Körper das orange-rote Betacarotin aus Karotten oder Paprika und das dunkelrote Lycopin aus Tomaten optimal verwerten kann, muss das Gemüse kurz gekocht werden. Beim Erhitzen platzen die Zellwände auf, lassen die darin enthaltenen Pflanzenfarbstoffe frei, und der Körper nimmt diese wertvollen Krebsvorbeuger bis zu sechsmal besser auf als aus Rohkost. Und noch einen Vorteil hat das Kochen: Es nimmt einem strapazierten Magen viel Arbeit ab. Wer Rohes nicht verträgt, sollte es daher mit gedünstetem Gemüse probieren.

großes Ernährungsvorbild. Doch vielen ist McDonalds näher als das Mittelmeer. Ungewohnte Gewürze, unbekannte Kräuter, andere Zutaten und dann auch noch viel Knoblauch – das hält viele Menschen davon ab, die Mittelmeerküche in die heimische Wohnung zu holen, und lässt die guten Vorbilder verblassen. Übersetzen Sie die gesunden Seiten der Mittelmeer-Ernährung in den modernen deutschen Kochalltag. Wer also Knoblauch nicht mag, lässt ihn weg. Wer keine frischen Kräuter findet, nimmt getrocknete, tiefgekühlte oder weicht auf hiesige Kräuter wie Petersilie und Schnittlauch aus.

Vom Umgang der Italienerinnen mit ihrer überreichlichen Basilikumernte können wir allerdings lernen, all die aromastarken Kräuter viel häufiger zu verwenden. Nutzen Sie das Sträußchen Petersilie nicht nur als Dekoration, sondern schneiden Sie das gesamte Bund klein, und geben Sie es als hochwillkommenen Aromalieferanten unters Gemüse, über die Suppe oder in den Salat.

Neben der Vorliebe für Vegetarisches kennzeichnet die Küche zwischen Gibraltar und Griechenland auch ein großer Appetit auf Fisch. Was für den Spanier die Dorade oder für den Griechen die Sardellen, können für uns Hering oder Seelachs sein. Und die hochgelobten Fettsäuren im berühmten Olivenöl finden sich auch in der Küche Mitteleuropas: Weil die Olivenaromen weder zur klassisch deutschen Krautroulade noch zum Leipziger Allerlei passen, freut sich der gesundheitsbewusste Genießer hierzulande über Rapsöl. Besonders die fast farblosen Sorten stören nicht durch ausgeprägten Eigengeschmack, ihre Fettsäuren sind mindestens so wertvoll wie die des Olivenöls und sind hitzestabil, sodass Sie mit Rapsöl alles braten, schmoren und dünsten können.

Vitalstoffbooster vom Frühling bis zum Winter

Zugegeben, die Bewohner rund ums Mittelmeer haben es leichter, sich das gesamte Jahr über mit Gemüse und Obst zu versorgen. Das milde Klima, viel Sonne und Wärme füllen die Märkte von der Algarve bis zur Ägäis mit reifen Früchten und Gemüse – kein Ver-

---

GESUND-TIPP

Die besten Vitalstoffquellen im Jahresverlauf

Frühjahr: Chinakohl, Erbsen, Feldsalat, Kohlrabi, Möhren, Rucola, Spargel, Erdbeeren

Sommer: Chinakohl, Erbsen, Kohlrabi, Möhren, Rucola, Staudensellerie, Tomaten, Weißkohl, Aprikosen, Erdbeeren, Himbeeren, Johannisbeeren, Kirschen

Herbst: Chinakohl, Eisbergsalat, Feldsalat, Kohlrabi, Kürbis, Möhren, Rosenkohl, Rucola, Schwarzwurzeln, Staudensellerie, Tomaten, Weißkohl, Wirsing, Äpfel, Brombeeren, Holunderbeeren

Winter: Chicorée, Chinakohl, Feldsalat, Grünkohl, Möhren, Rosenkohl, Schwarzwurzeln, Weißkohl, Wirsing

---

gleich mit dem hiesigen Angebot. Doch bei einem Blick auf den Saisonkalender findet sich auch aus dem heimischen Anbau immer etwas, was unseren Appetit auf Frisches wecken kann und uns hervorragend mit gesunden Vitalstoffen versorgt.

SCHNELLE GEMÜSEKÜCHE DANK TIEFKÜHLKOST

Langes Putzen, Schälen und Kleinschneiden von Gemüse war gestern. Wer dafür heute keine Zeit mehr hat, findet in der Tiefkühltruhe vom Brokkoli bis zur Zwiebel vieles bereits portionsgerecht geschnitten: Nur noch die Packung aufreißen und ab damit in die Pfanne oder den Topf. Niemand braucht dabei ein schlechtes Nährstoff-Gewissen zu haben. Tiefkühlgemüse enthält manchmal mehr Vitalstoffe als die Frischware. So fällt bei frischem Spinat und grünen Bohnen trotz kühler Lagerung bei 4 Grad der Vitamin-C-Gehalt in wenigen Tagen so stark ab, dass die Tiefkühlkost in Tests besser abschnitt. Und sollte das frisch geerntete Gemüse lange Transporte hinter sich haben oder in der sommerlichen Sonne auf dem Wochenmarkt auf den Kunden warten, haben auch Brokkoli oder Erbsen innerhalb von drei Tagen so viel Vitamin C eingebüßt, dass der schnelle Griff in die Tiefkühltruhe mehr Vitamine zu bieten hat. Bei einem kleinen Haushalt achten Sie beim Kauf von Tiefkühlware darauf, dass der Packungsinhalt nicht als ein großer Eisklotz zusammenhaftet, sondern gut portionierbar entnommen werden kann. So entstehen keine Reste. Zudem tauen solch kleine Stücke zügiger auf, was in jeder schnellen Küche von Vorteil ist. Der einzige Nachteil des eisge-

Viele verschiedene Tiefkühlprodukte ermöglichen eine gesunde Express-Küche.

kühlten Vorrats: Beim Auftauen wird Wasser frei. Deshalb darf Tiefkühlgemüse nicht unaufgetaut auf den Pizzateig kommen. Hier hilft aber ein wenig Küchenplanung, dann ist es kein Problem, das Gemüse rechtzeitig aus der Kälte zu nehmen.

Richtig fix in der Küche sind Sie mit fertigen Mischungen, die nur noch in die Pfanne müssen. Sämtliche Zutaten samt Gewürzen und Kräutern in einer Packung – leichter kann Kochen nicht sein. Wählen Sie einfach, was Ihnen am besten schmeckt. Die Vielfalt der Tiefkühltruhen-Angebote dürfte Sie überraschen. Achten Sie allerdings auf die Zutaten und den Kaloriengehalt – damit aus dem Fitmacher-Gemüse nicht plötzlich ein Fettmacher wird. Pro Portion (nicht pro 100 Gramm!) sollte die Mischung weniger als 20 Gramm Fett und maximal 500 Kalorien (kcal) enthalten. Wer hingegen abnehmen möchte, achtet auf maximal 13 Gramm Fett und 350 Kalorien.

Sanfter Umgang mit Gemüse und Obst

Damit möglichst viele Gesundheitsstoffe erhalten bleiben, lohnt es sich, beim Kochen einige Hinweise zu beachten. Weil die meisten Vitamine und alle Mineralstoffe wasserlöslich sind, sollten Obst und Gemüse nie lange im Wasser liegen. Daher Brokkoli, Erdbeeren, Spinatblätter oder Cocktailtomaten nicht wässern, sondern nur kurz abbrausen.
Ganz wichtig: Erst nach dem Waschen sollten Obst und Gemüse geputzt, also von allem Überflüssigen befreit werden. Denn beim Waschen lösen sich wasserlösliche Vitalstoffe, und je mehr Schnittstellen, desto mehr Stoffe werden herausgewaschen.
Schälen Sie Gemüse und Obst nur, wenn es unbedingt sein muss: Unter der Schale konzentrieren sich viele Vitamine und Bioaktivstoffe. So schmecken Gurken auch ungeschält, Äpfel behalten ihren Biss, wenn sie nicht geschält werden, und Kartoffeln lassen sich nach dem Kochen ohnehin viel einfacher pellen.
Beim Kochen verwenden Sie möglichst wenig Wasser. Weit sorgsamer gehen Sie mit den Inhaltsstoffen um, wenn Sie das Gemüse oder Obst dämpfen. Dazu brauchen Sie einen gelochten Dämpfeinsatz, durch den nur die Dämpfe von Wasser, Brühe oder Wein aufsteigen. Solche ausklappbaren und für jede Topfgröße passenden Dämpfeinsätze gibt es für wenig Geld. Mittlerweile finden sich auch spezielle Dampfgeräte oder Einsätze für den Backofen im Handel.
Noch geringere Vitalstoffverluste entstehen beim Dünsten von Gemüse. Dazu garen Sie klein geschnittenes Gemüse in wenig Flüssigkeit oder Öl. Dabei gehen so gut wie keine wasserlöslichen Stoffe verloren. Außerdem gart das Gemüse in sehr kurzer Zeit.

GESUND-TIPP

Verträglichkeit verbessern
Allergien, Unverträglichkeiten und sensible Mägen verübeln manchem den Genuss von Gemüse und Obst. Besonders häufig machen Salatgurken, Weißkohl, Paprika, Sauerkraut und Zwiebeln Probleme.
Oft hilft es schon, auf Rohkost zu verzichten und das Gemüse kurz zu dünsten. Dabei verändern sich die Allergieauslöser und die Allergiegefahr ist gebannt. Zudem verbessert das Dünsten die Verdaulichkeit, sodass bei einigen Betroffenen das Sodbrennen nachlässt. Auch reichlich Kräuter und gutes Kauen können verhindern, dass es zu Verdauungsbeschwerden kommt.
Sollten Sie mit Paprika Probleme haben, unbedingt auf die grünen, unreifen Sorten verzichten, und die Schale abschneiden. Damit mildern Sie eventuelles Aufstoßen und Magenschmerzen.

Express-Tipps für mehr Gemüse und Obst

Schnelles aus Tube, Packung und Glas

Mit mehr Aufstrichen, Pasten, Säften und Pürees aus Gemüse und Obst kochen. Beispielsweise den Quark mit Gemüsesaft und Kräutern anrühren, ins Kartoffelpüree Ajvar (Paprikapüree) rühren, die Roulade in einem Tomatenpüree garen, beim Braten des Schnitzels einen Gemüseaufstrich (Fertigprodukt) zugeben oder gleich ein tiefgekühltes Gemüseschnitzel kaufen.

Greifen Sie zu Gesundem aus der Konserve

Schnelles Gemüse auf Vorrat gibt es auch in der Dose: Weil die roten Carotinoide in der Tomate oder in der Paprika beim Erhitzen nicht zerstört werden, finden sie sich auch noch in den italienischen Dosentomaten genauso wie im Tomatenpüree aus der Packung oder im Ajvar aus dem Glas. Ansonsten bei Gemüse und Obst besser die frische Ware oder Tiefgekühltes einkaufen, weil darin in aller Regel weit mehr Vitalstoffe erhalten geblieben sind als in Dose oder Glas.

Essen Sie vitaminreich aus der Tiefkühltruhe

Damit Sie schnell an möglichst viele Vitamine kommen, lohnt sich der Einkauf von Tiefgekühltem. Darin finden sich oft mehr Vitalstoffe als im Frischgemüse, wo sie bei Transport und Lagerung auf der Strecke bleiben.

Blitzsuppe aus Säften

Gemüsesäfte mit Stärke binden und mit Kräutern, Gewürzen, Salz und Pfeffer abschmecken. Schon ist die aromatische Gemüsesuppe fertig.

Gemüse und Obst als Snack

Cocktailtomaten, Cornichons, Radieschen oder Paprikastreifen eignen sich ebenso wie Weintrauben, frische Erdbeeren und Mandarinen dazu, den kleinen Hunger zwischendurch schnell und gesund zu stillen.

Blitzsalat für die Arbeitspause

Sie nehmen einen Beutel mit fertig geschnittener Salatmischung aus dem Supermarkt, verrühren einen einfachen Joghurt, einige Spritzer Zitronensaft, Salz und Pfeffer – und fertig ist der Blitzsalat. Wer's raffinierter mag, gibt Tiefkühlkräuter und etwas Ajvar unter den Joghurt.

Garten auf der Fensterbank

Für den eigenen Garten fehlen Zeit und Platz, doch warum nicht auf der Fensterbank Küchenkräuter im Topf oder Kresse sprießen lassen? Kressesamen auf ein saugfähiges Papiertuch geben, täglich mit frischem Wasser versorgen, sodass der Zellstoff immer feucht ist, die Samen aber nicht im Wasser schwimmen. Nach einer Woche die Kresseblätter ernten. Gesamter Zeitaufwand ca. 10 Minuten.

3. goldene Regel:

Einmal

pro **Woche**

Seefisch

Mit ihrem Schatz an seltenen **Mineralstoffen** und **Fettsäuren** stärken leckere Seefische die Abwehrkräfte, halten Herz und Gefäße jung und beugen Stressbeschwerden vor. Gute Gründe, **Fischrezepte** häufiger in den wöchentlichen Speiseplan aufzunehmen.

Fit mit Power aus dem Meer

Freitags immer Fisch – diese Zeiten sind längst vorbei, sehr zum Bedauern von Gesundheitsexperten. Schließlich holt man sich mit diesen Tieren dringend benötigte Nährstoffe auf den Teller. Wir Deutschen essen nur 16 Kilo Fisch pro Nase im Jahr, Franzosen kommen auf die doppelte Menge, und Portugiesen genießen sogar sechsmal so viel Fisch.
Ob Bismarckhering oder Räuchermakrele, Lachs oder Schlemmerfilet aus der Tiefkühltruhe, wir fangen uns mit all diesen Leckerbissen herzgesunde Fettsäuren sowie seltene Spurenelemente und Vitamine ein, die den Stoffwechsel aktivieren und die Knochen stärken. Fisch ist ein Stück Lebenskraft, und eine solche Powerkur für den Körper sollte sich jeder zumindest einmal pro Woche gönnen. Zumal diese Kur unvergleichlich gut schmeckt.
Wenn Sie Fisch kaufen, bevorzugen Sie Meeresfisch. Denn nur der weite Ozean liefert die seltenen Spurenelemente, mit denen uns heimische Lebensmittel leider unzureichend versorgen.

Meeresfrüchte – Delikatessen, die es in sich haben
Nicht nur Meeresfisch liefert die beiden seltenen Spurenelemente Jod und Selen, auch Garnelen, Hummer und Muscheln gelten als echte Nährstoffkonzentrate. 100 Gramm Muschelfleisch liefern mehr Jod und Selen als die doppelte Menge Lachs – sind allerdings auch deutlich teurer.

GUT GEGEN JOD- UND SELENMANGEL

Mit dem Fang auf hoher See landet reichlich Jod auf unserem Speiseplan. Dieses seltene Spurenelement aus Meeresfischen wie Schellfisch, Seelachs, Kabeljau, Lachs oder Hering unterstützt die Schilddrüse, Hormone zu bilden, die den Stoffwechsel regeln. Fehlt Jod, kann sich die Schilddrüse vergrößern. Ein Kropf entsteht. Mit jodreichem Seefisch können Sie das Risiko mindern. Neben dem Jod bringt Seefisch auch ein zweites Spurenelement vom Meer auf unseren Tisch: das Selen. Es hilft unserer Körperabwehr, Schadstoffe zu entgiften. Unsere Ernährung enthält normalerweise eher wenig Selen. Spitzenwerte für diesen Giftentsorger finden sich in Sardine, Rotbarsch, Thunfisch, Hering und Makrele.

GESUNDE FETTE IM FISCH

Auch beim größten Ernährungsproblem, dem Übergewicht, hilft mehr Fisch. Viele Sorten wie Seelachs, Kabeljau, Scholle oder Barsch sind mit nicht einmal zwei Prozent Fett ausgesprochen mager. Das senkt die Kalorien, und die Pfunde purzeln. Doch selbst Lachs, Hering oder Makrele mit über zehn Prozent Fett sind durchaus diättauglich, zumal ihre Fette aus mehrfach ungesättigten, hochaktiven Fett-

Egal ob frisch oder tiefgekühlt – Fisch wie hier Lachs ist für den Speiseplan ein Gewinn.

Fischfette machen Nerven stark

Dass Makrele, Lachs und Hering gut Laune machen, die Stressresistenz steigern und sogar vor einem Burnout bewahren, lässt sich heute noch nicht endgültig nachweisen. Fest steht allerdings, dass ein Mangel an den hochwertigen Omega-3-Fettsäuren aus Fischen das Risiko von Konzentrationsmangel, Stimmungsschwankungen bis hin zur Depression erhöht. Je mehr Fisch verzehrt wird, desto seltener treten Depressionen auf. Die Harvard Universität zeigt sogar, dass sich mit Omega-3-Fettsäuren Depressionen mindern lassen, vermutlich weil diese speziellen Fettsäuren Nervenzellwände stabilisieren und bei der Steuerung von Botenstoffen im Gehirn beteiligt sind.

säuren bestehen. Sie baut der Körper zu Reglerstoffen um, die das Blut verdünnen, Arterienverkalkung verhindern und Entzündungen eindämmen. Solch fette Fische liefern zudem das fettlösliche Vitamin D, einen weiteren Nährstoff mit Seltenheitswert. Der Organismus braucht ihn als Herz-Kreislauf-Schutz, zur Krebsvorsorge sowie um Kalzium besser aufzunehmen und in die Knochen einzubauen. Damit beugt Vitamin D dem krankhaften Knochenabbau im Alter vor. Vitamin D kann der Mensch mit Hilfe des Sonnenlichts auch selbst herstellen. Doch im Winter droht ein Vitamin-D-Mangel. Umso wichtiger, sich gerade in der dunklen Jahreszeit mehr Lachs, Thunfisch, Makrele oder Hering zu gönnen.

GESUND-TIPP

Raus in die Sonne – oder zum Fischimbiss

Mal 15 Minuten raus in die Sonne, durchatmen und die Seele baumeln lassen, das entspannt, macht wach und hilft dank der Sonne, die leeren Vitamin-D-Speicher aufzufüllen. Wer sich solche kleinen Sonnenpausen im Alltag nicht leisten kann, sollte unbedingt für Lachsbrötchen oder Heringshappen von der Fischtheke sorgen. So hat er zumindest seinen Appetit und den Vitamin-D-Bedarf gedeckt.

Schau mir in die Augen

Fisch verdirbt sehr viel schneller und leichter als ein Stück Fleisch. Doch keine Angst: Ständige Kühlung, strenge Hygiene und kurze Lagerzeiten sorgen für Frische und tadellose Qualität: Ein guter Fischhändler präsentiert seine empfindliche Ware auf kleinen Eisstückchen, die die Temperaturen immer nahe am Gefrierpunkt halten, sodass sich Bakterien kaum vermehren können. Nur so halten sich die empfindlichen Leckerbissen länger als einen Tag. Beim Kaufen schauen Sie dem Fisch tief in die Augen. Glasklar sollten sie sein – ein sicheres Frischekennzeichen! Wenn Sie keinen ganzen Fisch, sondern Filets oder Kotelettscheiben kaufen, dürfen die Außenränder keinesfalls trocken sein oder gar dunkel verfärbt. In dem Fall greifen Sie lieber zur Tiefkühlware im Supermarkt. Die Tiere sind sofort nach dem Fang ausgenommen, verarbeitet und schockgefrostet worden. Pro Person rechnet man etwa 150 bis 200 Gramm Fischfleisch. Wenn Sie ganze Fische kaufen, müssen Sie allerdings den Abfall berücksichtigen, der je nach Größe des Kopfes und Menge der Gräten ganz unterschiedlich ins Gewicht fällt: Beim Heilbutt liegt er bei 20 Prozent, beim Hering schneiden Sie etwa 30 Prozent weg und von einem Kilo Scholle sogar gute 400 Gramm. Fragen Sie beim Kauf Ihren Händler, mit wie viel Abfall Sie rechnen müssen. Tragen Sie Ihren Fang in mehrere Lagen Papier eingepackt und bei höheren Temperaturen in einer Isoliertasche nach Hause. Dort am besten sofort verwenden oder maximal einen Tag im Kühlschrank

lagern. Und zwar am kältesten Ort, also ganz unten, direkt über den Gemüsefächern. Übrigens: Frischer Fisch sollte würzig nach Meer und Wasser riechen, aber nicht streng nach Fisch. Fischelt der Fisch, hat er seine besten Tage hinter sich, und Sie können ihn reklamieren. Am besten schon beim Einkauf im Laden dran schnuppern.

FISCHGENUSS – NICHT IMMER EIN TEURES VERGNÜGEN

Frischer Fisch hat seinen Preis. Immerhin wird er nicht in den Schweineställen direkt

Süßwasserfische und Salzwasserfische

Barsch, Felchen, Forelle, Hecht, Karpfen, Maräne, Pangasius, Plötze, Saibling, Stör, Wels und Zander sind Süßwasserfische. Salzwasserfische dagegen sind Dorsch/Kabeljau, Heilbutt, Makrele, Rotbarsch, Sardine, Schellfisch, Seehecht, Seelachs/Köhler, Seeteufel, Seezunge und Thunfisch. Aal und Lachs sind Wanderfische. Der Aal lebt in Binnengewässern und wandert zum Ablaichen ins Meer. Der Lachs macht es umgekehrt: Er lebt im Salzwasser und sucht zum Ablaichen Binnengewässer auf.

um die Ecke gezüchtet, sondern muss aus fernen Meeren erst zu uns kommen – aufwändig gekühlt und penibel ausgenommen. Dass Räucherlachsscheiben oder frische Heringe trotzdem mitunter nicht mehr kosten als eine gute Salami oder ein Schweinefilet, mag daher manchmal verwundern. Achten Sie also beim Fischkauf auf den Preis. Selbst ein vergleichsweise günstiger Seelachs hat beispielsweise mehr Jod und Selen zu bieten als eine feine, aber auch sehr teure Seezunge. Genauso liefern eine Makrele mehr gesunde Fettsäuren und ein Bismarckhering mehr Vitamin D als jedes Lachsfilet. Sie können Ihrer Gesundheit also auch für wenig(er) Geld all das gönnen, was die Fischwelt an Fitmachern zu bieten hat.

GIBT ES ÖKOGERECHTEN FISCHGENUSS?

Umweltexperten befürchten, dass unser wachsender Appetit auf gesunden Fisch den Weltmeeren schadet. Greenpeace und der World Wide Fund For Nature (WWF) sehen den Bestand der meisten Speisefische gefährdet und plädieren daher für einen umweltbewussten Fischeinkauf. Denn je nachdem welcher Fisch wo gefangen wurde, steht er auf der roten Liste – oder auch nicht. Für »grundsätzlich vertretbar« halten beide Naturschutzverbände nur den Genuss der Seefische Makrele, Hering und Seelachs, wenn der Seelachs aus der Nordsee und dem Nordostatlantik stammt. Bei Lachs und Schellfisch vertrauen Sie dem internationalen MSC-Zeichen. Dieses weiße Fischsymbol auf blauem Grund steht für umweltverträgliche Fangmethoden und findet sich auf vielen Tiefkühlfisch-Verpackungen.

Wer sich nach diesen Ratschlägen richtet, tut nicht nur etwas fürs gute Umweltgewissen, sondern auch etwas für die Gesundheit. In zahlreichen Untersuchungen fanden sich in diesen empfohlenen Fischarten keinerlei bedenkliche Schwermetall-Spuren.

Um den Fischbestand in den Weltmeeren zu schonen, gibt es seit Jahrzehnten große Fischfarmen auch für Seefische. Sie züchten dort Lachse, Doraden und Edelfische, so wie es seit Jahrhunderten nur in Teichen für etliche Süßwasserfische wie Zander, Forelle oder Karpfen bekannt war. Früher standen die Fischfarmen wegen der allzu häufigen Verwendung von Antibiotika gegen Bakterienbefall in der Kritik. In Norwegen, wo der meiste Zuchtlachs herkommt, konnte der Einsatz von Antibiotika dank besserer Haltungsformen mittlerweile auf unter ein Prozent gesenkt werden. So hat zumindest der WWF die unter strengen Auflagen gezüchteten Biolachse in seine Liste der empfehlenswerten Fischsorten mit aufgenommen.

Das blaue MSC-Siegel kennzeichnet Fisch, der umweltverträglich gefangen wurde.

BRATEN, DÄMPFEN ODER BACKEN IM EXPRESS-TEMPO

So unterschiedlich die Sorten und so verschieden die Zubereitung, in einem sind sich alle Fische gleich: Sie bringen Genuss auf die Schnelle. Selbst festes Fischfleisch wie bei Lachs, Rotbarsch oder Seelachs brät je nach Dicke in nur ein bis drei Minuten von jeder Seite. Sehr lecker, aber nicht gerade fettarm ist panierter Fisch. Dafür Fischstücke in Mehl, dann in Ei und Paniermehl wenden und im heißen Fett ausbacken. Auf den Grill sollten Sie vor allem fette Fische wie Lachs und Makrele legen, bei anderen Arten laufen Sie Gefahr, dass der Fisch trocken wird. Mageren Fisch auf dem Grill deshalb unbedingt mit Öl einpinseln. Alle Fische, auch sehr empfindliche, deren Fleisch leicht auseinanderfällt, lassen sich vorsichtig in einem Sud aus Essig, Salz und Gewürzen garen. Der Sud darf keinesfalls sprudelnd kochen, denn Filets sollen sanft gar ziehen. Sie brauchen knapp 10 Minuten, ganze Fische je nach Größe auch eine halbe Stunde. Wenn sich die Augen grau verfärben und die Rückenflosse leicht lösen lässt, ist der Fisch gar. Ganz unkompliziert gelingt das Garen von Fisch im Backofen. Die Fische mit Kräutern füllen oder in einem Bett aus Kräutern und Gemüse backen. Sehr aromatisch schmeckt jeder Fisch, wenn er mit würzigen Zugaben in Backpapier fest verschlossen wird, sodass kein Dampf und keine Flüssigkeit entweichen können. Dann im Backofen je nach Größe etwa 20 bis 30 Minuten dünsten – ganz ohne zusätzliches Fett. Damit ist Fisch ideal zum Abnehmen. Ebenso schnell, leicht und schonend lassen sich kleine und zarte Fische oder Fischstücke in einem Sieb- oder Dünsteinsatz über einem Sud dämpfen. Der Deckel muss gut verschlossen sein, sodass heißer Dampf nicht entwischen kann, sondern den gesamten Fisch umströmt und sanft gart. Anschließend den Sud nicht wegschütten. Schließlich finden sich darin viele Aromen und Nährstoffe. Kochen Sie den Sud zu einer leckeren Sauce ein. Damit nutzen Sie den gesamten Reichtum an Geschmack und Gesundheit, den die Fischwelt zu bieten hat.

DER BESTE TIPP FÜRS SCHNELLE ABENDESSEN

Gerade an stressigen Tagen, wenn die Mittagspause dem Meeting zum Opfer fiel, beziehungsweise statt Küche oder Kantine kleine Alltagskatastrophen auf dem Programm standen, kommt ein Fischgericht am Abend

GESUND-TIPP

Gesund-Tipps für Fisch-Verächter

► Lein- und Walnussöl enthalten Omega-3-Fettsäuren, die wie die Fischfette zu wertvollen Reglerstoffen umgebaut werden.

► Jodsalz liefert der Schilddrüse das Jod, das ihr beim Fischverzicht fehlt.

► Ein ausgiebiger Spaziergang in der Sonne sorgt für Vitamin D.

► Nüsse sowie Schweineleber liefern Selen – eine gute Alternative zum Selen aus Fisch.

Als Sushi angeboten hat sich Fisch sogar zum Lifestyle-Lebensmittel gemausert.

besonders gelegen. Denn selbst ein gestress-ter Magen hat nichts gegen das leicht verdau-liche Fischeiweiß einzuwenden, vor allem wenn keine fette Sahnesauce, sondern ein Dip aus Dill, Zitronensaft und saurer Sahne den Fisch begleiten. Zudem ist so eine leichte Fischmahlzeit am Abend schnell zubereitet: Fischfilet mit einigen Tomatenscheiben, Kräu-tern und Gewürzen in Pergament- oder Back-papier einwickeln und im Backofen in 10 bis 15 Minuten garen lassen. Und wenn Sie nicht zum Einkaufen gekommen sind, so haben Sie hoffentlich Tiefkühlfische oder sogar ein Fisch-Fertiggericht in Ihrem Eisfach.
Bei Fischgerichten aus der Packung achten Sie darauf, dass eine dicke Panade oder fette Sauce die Kalorien nicht zu sehr in die Höhe treibt. Das Gericht sollte pro Portion (nicht pro 100 Gramm!) die Grenze von 20 Gramm Fett und 500 Kalorien (kcal) nicht überschrei-ten. Wollen Sie verstärkt auf Ihre schlanke

Linie achten, wären maximal 13 Gramm Fett und 350 Kalorien optimal.
Oder wie wäre es mit einem schnell gemachten Fischaufstrich: Dazu einen in Brühe oder einer fettarmen Sauce eingelegten Fisch kurz pürie-ren oder mit einer Gabel zerdrücken. Mit Salz, Pfeffer und je nach Geschmack auch mit Curry-pulver, Kapern oder Dill würzen. Schmeckt her-vorragend auf Buttertoast oder Vollkornbrot.

Keine Angst vor Gräten

Manch einer kann Fisch nicht riechen oder das Eiweiß nicht vertragen, dann müssen andere Quellen für die wichtigen Spurenele-mente und Fettsäuren gefunden werden. Hinweise dazu finden Sie in den Gesund-Tipps auf Seite 59. Doch wenn es nur die lästigen Gräten sind, die manch einem den Fischgenuss zunichtemachen, kann leicht Abhilfe geschaffen werden:

► Kaufen Sie Fischfilets, und bitten Sie den Händler um möglichst grätenfreie Stücke. Daheim mit dem Finger über die Filets streichen und übrige Gräten mit einer Pin-zette oder kleinen Zange entfernen.

► Wählen Sie Scholle, Heilbutt oder Seeteufel: Ihre Gräten lassen sich leicht entfernen, und die Filets werden grätenfrei verkauft.

► Schneiden Sie im Ganzen gegarte Fische wie Forelle oder Dorade entlang ihrer Rü-ckenmittellinie vorsichtig bis zur dicken Mittelgräte längs ein. Die oberen Filets können gut von dem darunter liegenden Grätengerüst abgehoben werden. Dann das Grätengerüst vom Schwanz her anhe-ben und mit dem Kopf des Fisches entfer-nen. Zurück bleiben die Filets auf der Un-terseite des Fisches.

Express-Tipps für 1 x pro Woche Seefisch

Wie schnell es geht, einen Fisch gut zuzubereiten, haben Sie bereits auf Seite 60 gesehen. Lesen Sie auf einen Blick, wie einfach es Ihnen gemacht wird, sich eine Fischmahlzeit im Vorübergehen zu besorgen. Mit Fisch »to go« gibt's nicht nur am Freitag Fisch!

Im Schnellimbiss

Fischbrötchen
Paniertes Filet
Heringssalat
Fish & Chips

Im Fischladen

Unterschiedliche Fisch- oder
Krabbenbrötchen
Verschiedene Fischsalate
Geräucherte Makrele oder Forelle
Garnelen-Ciabatta
Fisch-Wrap
Eingelegter Fisch (in Essig oder
Sahnesauce)

Im Fast-Food-Restaurant

Fisch-Mac
Thunfisch-Sandwich

Im Supermarkt

Diverse Fischsalate
Räucherfisch als Filetstück oder in
Scheiben
Fischkonserven aus der Dose als
Brotbelag
Fertig-Sushi in der Packung
Eingelegter Fisch (im Glas oder
in der Plastikschale)
Fisch-Fertiggerichte für Mikrowelle
oder Backofen

Mikrowelle macht dem Fisch Tempo

Als weiterer Express-Tipp für gesunden Fisch erweist sich die Mikrowelle, zumal Fischfilets im Mikrowellengerät besonders lecker und zart gegart werden. Mit etwas Erfahrung und der richtigen Zeiteinstellung bereiten Sie in Windeseile saftige Leckerbissen auf den Punkt genau zu.

► Die energiereichen Mikrowellen erhitzen die Lebensmittel von innen heraus, weil sie sämtliche Wassermoleküle in Schwingung bringen und damit der gesamte sehr wasserreiche Fisch in Minutenschnelle gart. Es entstehen keine hohen Temperaturen. Das empfindliche Fischfleisch ist bei richtiger Zeiteinstellung (!) besser davor geschützt, zu zerfallen oder auszutrocknen als auf dem Herd oder im Backofen.

► Die schnelle Welle eignet sich besonders gut für kleine Haushalte. Bei größeren Mengen gilt die Faustregel, dass doppelte Mengen auch doppelt so viel Zeit brauchen. Damit der Fisch bei längerer Garzeit in der Mikrowelle nicht austrocknet, kommt eine mikrowellen-taugliche Frischhaltefolie über das Gargefäß.

4. goldene Regel:

Viel und gesund trinken

Mehr **Wasser,** Schorle, Tee und Kaffee genießen – noch **bevor der Durst kommt.** Denn nur mit reichlich Flüssigkeit kann unsere Körperenergie fließen. Wenn Sie ausreichend **trinken**, sind Sie den ganzen Tag hellwach, hochkonzentriert und bester Stimmung.

Wasser – unser wichtigstes Lebensmittel

Der Mensch benötigt Wasser, weil jede Körperzelle daraus besteht. Außerdem transportiert das Wasser im Körper die Nähr- und Wirkstoffe, weil sich im Wasser die wichtigen Substanzen lösen und nur so in die Gewebe und Zellen gelangen. Gleichzeitig entsorgt der Körper mithilfe von Wasser viele schädliche Substanzen über den Urin. Und nicht zuletzt nutzt der Organismus Wasser als sein wichtigstes Kühlmittel. Er opfert so manchen Schweißtropfen, damit der Körper selbst im Hochsommer seine Wohlfühltemperatur halten kann. Täglich verliert er über Schweiß, Atemluft und Harn etwa 2,5 Liter Flüssigkeit.

ZU WENIG FLÜSSIGKEIT – FATALE FOLGEN

Da Wassermangel rasch zu schwerwiegenden Schäden führt, müssen die täglichen Verluste ständig ersetzt werden. Bereits nach zwei bis vier Tagen Wasserentzug kann der menschliche Stoffwechsel keine überflüssigen Substanzen mehr mit dem Harn ausscheiden. Damit reichern sich im Körper Stoffe an, die zu akuten Gesundheitsproblemen führen. Bereits nach kurzer Zeit fließt das Blut nicht mehr optimal, sodass die Zellen unzureichend versorgt werden. Als Erstes kommt es fast unmerklich zu Konzentrationsproblemen, lange bevor der Kreislauf kollabiert. Normalerweise liefert die feste Nahrung etwa ein Drittel der benötigten Flüssigkeit, wenn wir genügend Obst und Gemüse essen. Die bestehen nämlich im Schnitt zu 90 Prozent aus Wasser. Doch den größten Teil des Was-

GESUND-TIPP

Wer weniger isst, muss mehr trinken
Wenn im Stress und Zeitmangel das Essen vergessen wird, fehlt auch das Wasser aus Gemüse und Obst. Umso wichtiger ist es dann, möglichst viel zu trinken. Sonst kommt mit dem Stress der Wassermangel. Das schadet der Konzentration, und der Stress wird noch größer. Trinken durchbricht diesen Teufelskreis.

sers müssen wir über den Tag verteilt trinken, insgesamt 1,5 Liter täglich. Bei großen Wassergläsern und Kaffee- oder Teebechern sind das gut fünf Portionen.

Nicht immer reichen 1,5 Liter

Leider haben viele Menschen Probleme, auf 1,5 Liter Flüssiges pro Tag zu kommen. Dabei müssen an heißen Sommertagen außerdem noch die zusätzlichen Schweißverluste ausgeglichen werden. Mit den Temperaturen steigt der Flüssigkeitsbedarf des Körpers. Bereits sechs Grad mehr auf dem Thermometer verdoppeln den Schweißverlust, und ein vierstündiges Sonnenbad erfordert zwei Flaschen Wasser zusätzlich.

Sportler-Mixgetränke selbst gemacht

Damit beim schweißtreibenden Sport verlorene Flüssigkeit samt Mineralstoffen schnell wieder in den Körper gelangt, mixen Sie ein Teil Fruchtsaft mit zwei Teilen Mineralwasser, das mindestens 400 mg Natrium enthält.

Sportler merken schnell, wenn sie beim Joggen, Radfahren oder anderen langen Ausdauersportarten viel Wasser verlieren. Daher kein Marathon ohne Flüssigkeitsausgleich und kein Rennrad ohne spezielle Halterung für eine Trinkflasche. An heißen Tagen kann der Bedarf dann beim Sport auf 10 Liter ansteigen! Wer kein Wasser mag, für den darf es auch ein Kräuter- oder Früchtetee sein. Den können Sie ganz nach Ihrem Geschmack aussuchen und dürfen ihn im Winter als Teepunsch heiß sowie im Sommer beim Sonnenbaden eisgekühlt genießen.

DURST – KEIN GUTER MASSSTAB

Leider besitzt der Körper kein gutes Frühwarnsystem, das uns deutlich signalisiert, wenn es knapp wird mit dem Wassergehalt. Bevor wir Durst spüren, hat der Körper längst so viel Flüssigkeit verloren, dass erste Beschwerden auftreten können. Daher immer trinken, bevor der Durst kommt – und wenn er da ist, immer über den Durst trinken. Besonders Ältere können sich auf ihren Durst gar nicht mehr verlassen. Mit den Jahren nimmt das Durstgefühl immer mehr ab. Doch leider reagiert der ältere Körper weit sensibler auf einen Wassermangel. Schnell kommt es dann zu Schwindel und Stürzen, zu leichter Verwirrtheit und Müdigkeit.

Ein Grund mehr, sich rechtzeitig anzugewöhnen, den gesamten Tag über etwas zu trinken. Eine hervorragende Möglichkeit ist, sich bereits am Morgen zwei Flaschen mit Wasser, einer Saftschorle oder einem Tee abzufüllen und überall mitzunehmen. Selbst auf der Autofahrt zur Arbeit kann der Stau vor der Ampel für einen Schluck Wasser genutzt werden. Im Büro, an der Werkbank oder zumindest in der kleinen (Zigaretten)Pause erinnert die Flasche daran, dass sie noch nicht leer ist. Nach dem Mittagessen spornt Sie dann bereits die zweite noch volle Flasche dazu an, die 1,5 Liter pro Tag einzuhalten.

ES MUSS NICHT IMMER WASSER SEIN

Wem Wasser zu langweilig schmeckt, der kann es mit etwas Saft aromatisieren. Im Sommer empfiehlt sich auch ein Schuss erfrischender Zitronensaft. Oder probieren Sie es mit einem kleinen Stückchen Ingwer oder einigen frischen Minzeblättchen. Daneben können auch Kräuter- und Früchtetees den Flüssigkeitsbedarf ideal decken.

Gute Nachrichten für Kaffeetanten und Teeliebhaber

Kaffee und Schwarztee hat die Wissenschaft lange als Flüssigkeitslieferanten ausge-

GESUND-TIPP

Zum Essen immer trinken
Dass zum Essen nichts getrunken werden darf, weil dann die Verdauungssäfte verdünnt werden, ist ein altes Ammenmärchen. Die Stärke der Magensäure – immerhin handelt es sich um Salzsäure – lässt sich durch ein oder zwei Gläser Wasser nicht wesentlich verringern und reicht immer noch aus, die Nahrung zu zersetzen und Krankheitskeime zu zerstören. Es ist sogar wichtig, dass beim Essen auch getrunken wird, um die feste Nahrung in einen gut verdaubaren Brei zu verwandeln.

Getränke lange als »Flüssigkeitsräuber«. Doch das ist längst kalter Kaffee. Denn die Nieren von Kaffee- und Teetrinkern gewöhnen sich schnell ans Koffein und sparen oft schon innerhalb eines Tages ein, was sie durch das Koffein an Wasser verloren haben.
Seitdem Mediziner dieses Phänomen entdeckt haben, können auch drei Tassen Kaffee oder Tee mit in die Berechnung der Flüssigkeitsaufnahme einbezogen werden. Es fällt also gar nicht so schwer, diese goldene Regel einzuhalten.

Suppe statt Wasser und Co.

Wahre Trinkmuffel, denen Mineralwasser ein Graus ist, Kräutertee zu gesund schmeckt und Kaffee aufs Herz geht, könnten es sich zur Regel machen, einmal pro Tag eine Brühe zu trinken. Dazu braucht es nur einen großen Becher, gekörnte Brühe, kochendes Wasser und einen Löffel zum Umrühren. Wer mag, verwandelt solch eine Brühe mit einigen Gemüsewürfeln, Erbsen, Markklößchen oder Garnelen aus der Tiefkühltruhe und gehackten Kräutern in eine richtige Mahlzeit, die neben dem Durst auch gleich den Hunger stillt.

schlossen, weil Koffein – im Tee nennt man es Tein – die Nieren anregt und damit zu vermehrtem Wasserverlust führt. So galten beide

Lebenselixier Wasser

Sie müssen nur den Wasserhahn aufdrehen, um auf einfachste, billigste und beste Art Ihrem Durst zuvorzukommen. Kein Lebensmittel unterliegt in Deutschland so strengen Tests wie unser Leitungswasser. Laufend wird das kühle Nass auf Bakterien, Schwermetalle, Pestizidrückstände und andere Giftstoffe untersucht. Es ist das sicherste Lebensmittel – und das ist auch gut so. Denn von keinem anderen Lebensmittel verzehren wir mehr.
Mit Hilfe der heute weit verbreiteten Wassersprudler können wir mit etwas eingepumptem

Kohlendioxid aus Leitungswasser schnell ein erfrischend perlendes Getränk zubereiten. Doch damit wird aus dem Leitungs- noch kein Mineralwasser. Aus dem Hahn darf nämlich auch gereinigtes Oberflächenwasser fließen.

AUS DEN TIEFEN DER ERDE

Mineralwasser muss immer aus unterirdischen Quellen stammen. Dorthin gelangt es durch mehrere Gesteinsschichten. Auf diesem Weg nehmen viele Wässer größere Mengen an wertvollen, lebenswichtigen Mineralstoffen auf. Zwar unterscheiden sich die rund 500 verschiedenen Mineralwässer allein in Deutschland erheblich in ihren Mengen an Natrium, Kalium, Magnesium oder Kalzium. Doch meist liefern sie weit mehr Mineralstof-

Bei Unverträglichkeit beispielsweise gegenüber Milch auf kalziumreiche Wässer achten.

fe als das kühle Nass aus der Leitung. Einige Wässer dagegen sind recht mineralstoffarm, und auf ihrem Etikett findet sich der Hinweis »geeignet für die Zubereitung von Säuglingsnahrung«, weil Babys noch keine großen Mineralstoffmengen verarbeiten können. Doch bereits Kinder im Vorschulalter profitieren von mineralstoffreichen Wässern. Kalzium als Knochenaufbaustoff und Magnesium gegen Muskelkrämpfe nimmt der Organismus gerade aus Mineralwasser besonders gut auf.

Das Etikett hilft weiter

Es lohnt sich also, beim Mineralwasserkauf zu vergleichen. Auf den Etiketten finden Sie genaue Angaben zum Mineralstoffgehalt. Hier ist nicht etwa das teuerste Wasser gleich die beste Mineralstoff-Quelle. Lassen Sie sich auch nicht vom Titel »Heilwasser« täuschen. Ähnlich wie bei einem Medikament muss beim Heilwasser durch wissenschaftliche Studien nachgewiesen sein, dass regelmäßiger Genuss Krankheiten vorbeugt, lindert oder behebt. Doch kann ein Mineralwasser, für das kein Unternehmer diese aufwändige und teure Prüfung bezahlen wollte, eventuell ebenso gesund sein wie ein anerkanntes Heilwasser.

MINERALWASSER STATT MILCH ODER FITNESSDRINKS

Menschen mit einer Milchallergie oder einer Unverträglichkeit gegenüber Milchzucker (Laktose) können einen Teil ihres Kalziumbedarfs mit Mineralwasser decken. Dazu brauchen Sie ein kalziumreiches Mineralwasser mit mindestens 150 mg Kalzium pro Liter. Wenn Sie davon fünf große Gläser trinken, haben Sie genauso viel Kalzium aufgenommen wie mit

Fitness aus der Flasche?
Koffeinhaltige Energydrinks und fruchtige Wellnessgetränke versprechen, Konzentration, Wohlbefinden und Fitness zu fördern. Doch oft steckt viel Zucker in den wohlschmeckenden Durstlöschern. Die kalorienreiche Süße verhilft nur kurzfristig zu mehr Power, rasch sinkt der Blutzuckerspiegel und damit nicht selten auch die Leistungskraft.

einer Tasse Milch. Sportler achten zusätzlich noch auf viel Magnesium, das Krämpfen vorbeugt. Am besten gelingt das mit einem Mix aus zwei bis drei Teilen eines Mineralwassers mit mehr als 50 Milligramm Magnesium und einem Teil Fruchtsaft. Dabei sorgt der Fruchtsaft nicht nur für den Geschmack, sondern liefert auch Kohlenhydrate für die schnelle Energie sowie Kalium für die Muskelkraft.

FLÜSSIGE KALORIENBOMBEN

Alles, was schnell durch den Magen rinnt, sättigt kaum. Deshalb können in Form von Cola, Eistees, Softdrinks oder auch Joghurtshakes Hunderte von Kalorien so gut wie unbemerkt getrunken werden. In den letzten Jahrzehnten stieg der Konsum dieser kalorienträchtigen Süßgetränke deutlich an und damit nicht minder rasant auch das Übergewicht der Teenager.

Gerade bei den Getränken gilt es, sehr aufmerksam die Kalorienwerte vor Augen zu haben, denn der Körper spürt sie nicht. Allein ein 500-ml-Becher gesüßter Milchshake kann es auf über 400 Kalorien bringen und in der 1,5-Liter-Flasche Cola verbergen sich mehr als 600 Kalorien, fast ein Drittel des Kalorienbedarfs eines ganzen Tages. Die gleiche Menge Eistee kann sogar bis zu 1000 Kalorien enthalten. Bei diesen flüssigen Dickmachern muss sich niemand wundern, wenn das Gewicht steigt, selbst wenn der Teller fast leer bleibt.

Nicht zu empfehlen: künstliche Süße oder pure Natur

Damit der Körper sich an kalorienfreie Getränke gewöhnt, helfen auch keine künstlich gesüßten Softdrinks. Sie verführen die Geschmacksnerven eher dazu, nach immer mehr Süße zu verlangen. Dann haben gesunde Fruchtsaftschorlen keine Chance, gegen Cola & Co. beim Geschmackstest mitzuhalten. Leider bieten auch die aromaintensiven reinen Fruchtsäfte keine gute Alternative, wenn es um kalorienbewusstes Trinken geht. Sie enthalten durch den fruchteigenen Zucker etwa gleich viele Kalorien wie eine Cola. Deshalb zählen nur verdünnte Saftschorlen (ein Teil Fruchtsaft, zwei Teile Wasser) zu den Getränken, die in der Tagesbilanz von mindestens fünf großen Gläsern mitgezählt werden dürfen.

SAFTIGE UNTERSCHIEDE

Fruchtsaft, Fruchtnektar oder Fruchtsaftgetränk – es klingt alles ähnlich und irgendwie gesund, tatsächlich aber ist es mit den vitalen Inhaltsstoffen oft nicht weit her:

GESUND-TIPP

Das Glas Wasser ist immer dabei
Wenn Sie pure Fruchtsäfte, süße Softdrinks oder ein Glas Wein genießen, trinken Sie mindestens die gleiche Menge Wasser hinterher, denn süße oder alkoholische Getränke sind schlechte Durstlöscher.

► Fruchtsaft: Ganz gleich ob Direktsaft oder rückverdünnt aus Konzentrat – in Fruchtsaft steckt immer 100 Prozent Frucht.
► Fruchtnektar: Je nach Fruchtart sind nur zwischen 25 und 50 Prozent Fruchtanteil vorgeschrieben, der Rest ist Wasser. Und damit es nicht allzu wässrig schmeckt, kommt noch Zucker hinzu. Oft so viel, dass der verdünnte Nektar ebenso viele Kalorien hat wie der pure Saft.
► Fruchtsaftgetränk: Hier steckt in jedem Fall mehr Zuckerwasser als Fruchtsaft drin. Fazit: Im Fruchtsaftgetränk verbergen sich oft gleich viele Kalorien, aber nur ein Bruchteil der Vitamine und Mineralstoffe wie im reinen Saft.

EIN GLÄSCHEN IN EHREN ...

sollte man sich nicht immer verwehren, dabei aber durchaus den hohen Kaloriengehalt des Alkohols nicht aus den Augen verlieren. Ein Glas Wein (250 ml) bringt es immerhin auf 200 Kalorien und ein 500 ml-Glas Bier auf bis zu 235 Kalorien, ja sogar das kleine 100-ml-Gläschen Sekt führt zusätzliche 80 Kalorien mit sich. Noch fataler für die schlanke Linie: Alkohol steigert bei vielen Menschen den Appetit – neben den Alkoholkalorien wird dann auch noch mehr gegessen. Zudem erschwert Alkohol die Kontrolle darüber, wie viel und wie oft man isst. Alles gute Gründe, um das Gläschen nicht zur Gewohnheit werden zu lassen. Jeder sollte sich hin und wieder darüber Rechenschaft ablegen, ob aus diesem Gläschen nicht viel zu oft zwei große Gläser werden, die langfristig nicht nur die gute Figur, sondern auch die Leber angreifen können. Die immer wieder aufgeführten gesundheitlichen Vorteile von Alkohol beziehen sich nur auf kleine Mengen. Wenn eine gesunde Frau regelmäßig mehr als ein halbes Glas Wein trinkt – Männern ist aufgrund ihrer leistungsfähigeren Enzyme die doppelte Menge gestattet –, dann schadet der Alkohol mehr, als er der Gesundheit nützt. Das zeigen die Forschungsergebnisse der Deutschen Hauptstelle für Suchtfragen (DHS).

GESUND-TIPP

Es geht auch ohne Alkohol
Mixen Sie sich am Abend doch einmal einen alkoholfreien Cocktail. Dafür zum Beispiel 50 g Joghurt und 100 ml Ananassaft mit je 2 EL Zitronensaft und Zucker im Mixer schaumig pürieren. Auf zwei Gläser verteilen und mit 200 ml kohlensäurehaltigem Mineralwasser auffüllen.

Express-Tipps zum ausreichenden Trinken

Trinken kostet nicht viel Zeit – man muss nur dran denken. Dann hat Durst keine Chance. Sie brauchen feste Punkte im Alltag, an denen Sie sich angewöhnen, etwas zu trinken.

Noch im Bett

Gleich beim Aufstehen am Morgen ein Glas Wasser trinken, das Sie bereits am Abend an Ihr Bett gestellt haben.

Im Badezimmer

Nach dem Zähneputzen das Zahnputzglas mit Wasser füllen und austrinken.

Bei der Arbeit

Zum Frühstück gleich eine ganze Kanne Ihres Lieblingstees oder -kaffees kochen und eine Thermoskanne davon mit zur Arbeit nehmen.
Gleich zu Beginn Ihrer Arbeit füllen Sie das Glas oder den Becher an Ihrem Arbeitsplatz – und trinken es sofort aus. Daneben steht eine Flasche oder eine Thermoskanne, sodass Sie sofort wieder nachfüllen können.

Telefon als Erinnerung

Vor oder nach Telefonaten nehmen Sie einen kräftigen Schluck aus Wasserglas, Tee- oder Kaffeebecher an Ihrem Arbeitsplatz.
Zuhause machen Sie neben der Ladestation Ihres Telefons Platz für eine Mineralwasserflasche, damit Sie beim Plaudern keinen trockenen Mund bekommen.

In der Besprechung

Bei Arbeitsgesprächen gleich zu Beginn zum bereitstehenden Getränk greifen.

Vorm Essen

Bei jedem Essen bzw. in jeder Pause immer ein Glas Wasser trinken.

Im Stau

In Ihrem Auto liegt immer eine gefüllte Mineralwasserflasche griffbereit. Bei längeren Stopps verkürzt ein Schluck aus der Flasche das Warten.

Bei Post und Zeitung

Von der Arbeit zurück warten daheim Zeitung und Post auf Sie. Dazu gibt's Kaffee, Tee, Wasser oder Schorle.

Lieblingstee zum Angewöhnen

Kein Abendessen ohne Ihren Lieblingstee, von dem Sie für den Abend gleich die doppelte Menge kochen.

Beim Fernsehen

Eine weitere Flasche wartet neben Ihrem Fernseher darauf, zu den Abendnachrichten getrunken zu werden.

5. goldene Regel:

Immer
mit
Genuss

Die **wichtigste Regel** zum Schluss: Alles, was Sie essen und trinken, genießen Sie mit wachen Sinnen. Die vermeintliche Kaloriensünde genauso wie den schnellen Kaffee zwischendurch oder das edle Kalbsschnitzel: Gönnen Sie sich den vollen **Genuss** mit ganzem Bewusstsein.

Verzichten Sie auf Verbote

Schokolade oder Chips sollte sich niemand verbieten, der diese kalorienreichen Leckereien nur allzu gerne vernascht. Strikte Verbote sind verboten. Sie machen all das, was Sie aus dem Speiseplan verbannen wollen, nur noch interessanter und begehrenswerter. Nehmen Sie deshalb Ihre kleinen kalorienreichen Naschereien einfach in Ihren Ernährungsplan mit auf.

Nur: Dem Genuss ohne Kontrolle nachzugeben, kann Wunschgewicht, Wohlbefinden und Gesundheit schaden. Deshalb sollten die süßen oder salzigen Snacks eine Ausnahme bleiben, die Sie sich am besten nur einmal täglich erlauben.

Die meisten Menschen kommen vermutlich gut mit einmal Naschen pro Tag zurecht, für alle anderen hier einige Hinweise, viele Tipps und gewichtige Argumente gegen allzu viele Süßigkeiten oder Salzgebäck.

DER VERFÜHRUNG AUF DER SPUR

Natürlich lässt sich der Heißhunger auf Kräcker, Chips und Kuchen nicht allein damit stillen, dass Sie um deren Kalorien, falsche Fette und Zuckeranteile wissen. Jedem ist klar, dass all die leckeren Kleinigkeiten dem Körper nicht guttun. Doch was vielen Menschen nicht bewusst ist: Warum kommt man so schwer an diesen Verführern vorbei? Was macht sie so unwiderstehlich und was hilft, den allgegenwärtigen Gaumenkitzlern nicht mehr (so oft) ausgeliefert zu sein?

Fragen Sie sich am besten selbst, was Sie an Ihrer Lieblingsschokolade – oder sind es bei Ihnen die dunkelbraunen Weichgummis, die cremig-süßen Kokosnuss-Bällchen oder die Chili-Kartoffelchips? – besonders mögen. Was macht gerade diesen Genuss für Sie zu einem Erlebnis? Wenn Sie es noch gar nicht wissen, versuchen Sie, es beim nächsten Naschen herauszufinden. Und wenn Sie Ihre Lieblingsschokoladensorte noch nicht gefunden haben, beziehungsweise sich noch keine Gedanken gemacht haben, welche der vielen Kräckersorten Sie am meisten mögen, wird es höchste Zeit, Ihre Hitliste festzulegen.

QUALITÄT STATT QUANTITÄT

Denn wenn Sie schon naschen, dann unbedingt das, was Ihren Gaumen am ehesten zufriedenstellt: Also bitte keine x-beliebige Süßigkeit, sondern die beste. Keine 0815-Chips aus dem Angebot, sondern jene, die all Ihre Geschmacksknospen zum Jubeln bringen. Schon gar nicht sollten Sie bei den kleinen Kalorienbomben auf den Preis achten. Besser mit nur einer teuren, aber oberleckeren Praline aus dem Schokogeschäft geschmacklich genau ins Schwarze treffen, als mit einer XXL-Billigschokolade nicht wirklich glücklich werden. Denn Glücksmomente sind keine Frage der Quantität, sondern der Qualität: Sie werden sich erst dann genüsslich zurücklehnen, wenn Ihre Zunge genau das bekommt, was sie vermisst. Deshalb spielt es eine große Rolle, dass Sie exakt wissen, wonach Ihr Körper sich sehnt und warum er keine Ruhe gibt. Solange Sie ihm diese Aromen vorenthalten, wird der Jieper darauf nicht nachlassen.

71

So viel Energie liefert Ihr Pausensnack

Snack (Portion)	kcal/Portion	kcal/100 g
Croissant (60 g)	280	467
Lakritze (15 g)	55	367
Gummibärchen (10 Stück = 16 g)	50	313
Ananas, kandiert (30 g)	75	250
Schokolade, dunkel, 70 % Kakao (25 g)	140	560
Schokolade, Vollmilch (25 g)	135	540
Für den Nachtisch		
Fruchtjoghurt aus Vollmilch (150 g)	165	110
Fruchtjoghurt aus Magermilch (150 g)	113	75
Mousse au chocolat (60 g)	105	175
Wackelpudding (125 g)	90	72
Fruchteis (1 Kugel = 75 g)	105	140
Sahneeis (1 Kugel = 75 g)	190	254
Für die Kaffeerunde		
Amerikaner (85 g)	255	300
Berliner (65 g)	210	323
Russisch Brot (30 g)	115	384
Blätterteiggebäck (50 g)	260	520
Käse-Blätterteig-Stange (50 g)	240	480
Schweinsohr (50 g)	235	470
Schokokuss (30 g)	105	350
Baiser (1 Stück = 25 g)	90	360
Streuselkuchen, Apfel (1 Stück = 90 g)	338	375
Zitronen-Kuchen (1 Scheiben = 50 g)	200	400
Schoko-Kuchen (1 Scheibe = 50 g)	205	480
Haselnusspraline (1 Stück = ca. 10 g)	55	550
Kirschpraline (1 Stück = ca. 10 g)	45	450
Abendsnack		
Bananenchips (25 g)	130	520
Erdnussflips (50 g)	250	500
Kartoffelchips (50 g)	270	540
Reis-Kräcker (40 g)	155	380
Sesam-Kräcker (50 g)	250	500
Kartoffel-Weizenvollkorn-Kräcker (50 g)	200	400
Vollkorn-Zwiebel-Chips (50 g)	190	380
Salzstangen (50 g)	175	350
Erdnüsse (50 g)	305	610
Für den Kinoabend		
Popcorn, ungesüßt (50 g)	185	370
Schokoriegel (55 g)	250	455
Müsliriegel (50 g)	200	400
Haselnusscreme-Keks (20 g)	100	500
Schokokeks (1 Stück = ca. 25 g)	125	500
Kokos-Waffelkugel (1 Stück = 10 g)	60	600
Schokolinsen (25 g)	110	440

JEDE KALORIE EINZELN GENIESSEN

Zugegeben, die kleinen Köstlichkeiten haben ihre Kalorienschwere und ein schlechtes Image. Doch das sollte Sie nicht verleiten, sie als Sünde zu verdammen. Einmal täglich sind sie kein Problem und passen wunderbar in Ihren Ernährungsplan. Es könnte fatal sein, wenn Sie sich die genussvollen Bissen im Innersten nicht gönnen, sie nur hinter vorgehaltener Hand schnell herunterschlucken und sich danach sofort deswegen schämen oder ärgern. So nehmen Sie sich den gesamten Genuss schon beim Essen.

Machen Sie es bitte ab heute genau anders: Zelebrieren Sie jede Kalorie einzeln. Statt das Kuchenstück nach dem Kauf beim Straßencafé direkt aus der Tüte noch während des Einkaufs zu verputzen, nehmen Sie das Gebäck mit nach Hause. Dort genießen Sie jeden Bissen, spüren die leckere Creme, die süßen Früchte, den weichen Teig und lassen all das langsam und mit größter Lust auf der Zunge zergehen. So sieht wirklicher Genuss aus. Wenn Sie diese Esslust zulassen, reicht ein Stück Kuchen. Doch verderben Sie sich nicht das Vergnügen, indem Sie die Kalorien schon beim Essen zählen, und deshalb auch schnell alles herunterschlucken. Dann wächst der Frust – und damit der erneute (!) Wunsch, sich etwas Leckeres zu gönnen.

GESUND-TIPP

Ein Glas Bier oder Wein statt Süßigkeit
Die fünfte goldene Ernährungsregel gilt in gleicher Weise auch für das Glas Wein oder Bier. Ein echter Genuss in kleinen Mengen ist durchaus erlaubt.

Biochemie des ständigen Naschens

Kennen Sie das auch: Sie haben eben erst ein Stück Schokolade oder ein Stück Kuchen gegessen, da durchkreuzt bereits schon wieder der Gedanke an etwas Süßes (bei anderen ist es die Lust auf Kartoffelchips, Erdnussflips oder Käsestangen) jegliche Konzentration. Nach dem zweiten Schokostück dauert es gerade eine halbe Stunde, bis sich erneut der Heißhunger meldet. So kann es Stunden gehen, und kein Müsliriegel oder Fruchtjoghurt ist vor diesen Attacken des Hungerzentrums sicher. Der ständige Konsum von schnell im Körper verfügbaren Kohlenhydraten, egal ob aus Zucker, Popcorn, Reiswaffeln, Müsliriegeln oder Chips, führt rasch erneut zum Hungergefühl. Die meisten Kohlenhydrate kann der Körper sehr schnell verdauen und dabei in Zucker verwandeln. Dieser geht ins Blut, der Blutzucker steigt, sodass der Körper gegensteuert. Je schneller der Blutzucker an-

Gerade bei kalorienreichen Süßigkeiten möglichst den Genuss mit allen Sinnen auskosten.

schwillt, desto rascher erfolgt die Gegenregulation. Dazu stößt die Bauchspeicheldrüse viel Insulin aus, und der Blutzuckerspiegel sinkt rasch wieder nach unten. Da unter anderem der Blutzuckergehalt das Hungergefühl reguliert, löst ein Abfall Hunger aus. Wer jetzt erneut zur Schokolade oder anderen schnellen Kohlenhydraten greift, kommt in den biochemischen Teufelskreis des ständigen Naschens hinein. Denn wieder geht der Blutzucker hoch, der Körper reagiert dagegen und regelt den Blutzuckerspiegel nach unten. Ihr Blutzucker fährt Achterbahn, und Sie haben regelmäßig Heißhunger.

Raus aus den Snack-Attacken

Stoppen Sie diesen Zyklus und überlisten Sie Ihren Blutzucker-Stoffwechsel. Schließlich

können Sie ihm auch »langsame« Kohlenhydrate anbieten, für die Ihre Verdauung etwas länger braucht, bevor sie als Zuckermoleküle im Blut auftauchen. Experten sprechen von einem niedrigen glykämischen Index, weil diese Kohlenhydrate den Blutzucker nicht hochpushen, sondern unten halten und dafür sorgen, dass er nicht absinkt. So kann er über Stunden optimal alle Zellen, besonders die grauen, mit Energie versorgen und weder Konzentration noch Kraft machen schlapp. Gleichzeitig meldet sich auch kein Hungergefühl, das Sie immer dringender um Nachschub bittet und zum Nasch-Junkie werden lässt. Das Gegenmittel, also die langsamen Kohlenhydrate, hat jeder griffbereit: Obst. Außer bei der Banane gelangen die Zuckersorten im Obst erst allmählich ins Blut. Daher sind zumindest die üblichen Portionen von rund 100 Gramm Früchten ein idealer Regulator für die Blutzuckerkurve. Was spricht dagegen, vor oder nach dem Stück Schokolade zum Beispiel noch einen Apfel zu essen, um einer Heißhungerattacke vorzubeugen?

ALLES NUR AUSREDEN!

Für die kleinen Naschereien finden sich viele (Schein-)Argumente, eines davon ist fast immer parat, wenn man es braucht. Hier eine kleine Auswahl und was dahintersteckt: **»Schokolade, Kekse und Knabberzeug sind nur für Gäste gekauft – und dann verlocken sie doch zum Naschen. Das Haltbarkeitsdatum drohte auch schon abzulaufen.«** Eine leicht durchschaubare Ausrede. So überraschend kommen selten Gäste, und wenn, dann sicherlich nicht zum Naschen. Also legen Sie erst gar keine vermeintlichen Vorräte für Besucher an. Damit geben Sie sich die Chance, besser mit all dem verführerischen Naschwerk zurechtzukommen – und Ihren zukünftigen Gästen die Möglichkeit, bei Ihnen etwas Gesundes zu essen.

»Süßes lenkt mich ab, wenn mir mal die Decke auf den Kopf fällt, mir langweilig ist oder ich Sorgen habe.« Essen, um sich abzulenken, das kennen viele. Wenn Sie dann zum Obstmesser greifen, einige Äpfel in Spalten schneiden und sich schmecken lassen, vertreibt das auch die trüben Gedanken – und schafft nicht mit kalorienträchtigem Schleckerkram zusätzlichen Frust in Form von Kummerspeck.

»Zucker ist Nervennahrung, das hilft gegen Stress.« Das stimmt zwar, die Nervenzellen ziehen aus dem Blutzucker ihre Energie. Doch auch aus der Stärke der Kartoffeln bildet der Körper sehr schnell Blutzucker. Insofern sind selbst Pellkartoffeln gute Nervenstärker und Anti-Stress-Lebensmittel.

»Der kleine Hunger muss gestillt werden.« Bevor Sie jeden Ansatz von Appetit gleich als Argument nehmen, etwas zu essen, lernen Sie wieder, auf den wirklichen Hunger zu warten.

»Ein gemütlicher Kaffeeklatsch braucht Süßes.« Einverstanden, beim Treffen mit Freundinnen gehört für viele das Stück Kuchen dazu. Es wäre wirklich ungemütlich, wenn eine zum Knäckebrot statt zum Kuchen greift. Doch Achtung beim zweiten Stück! Das können Sie ablehnen, ohne die gemütliche Kaffeerunde zu stören.

»Schokolade macht glücklich.« Es gibt jede Menge Theorien, warum Schokolade Glückshormone in sich trägt oder bildet. Unter der wissenschaftlichen Lupe konnte kein Inhaltsstoff ausgemacht werden, der glücklich macht.

Statt Süßigkeiten besser Obst klein schneiden und genießen.

Beispielsweise findet sich das Glückshormon Phenethylamin in der Schokolade. Es erzeugt bei Verliebten die berühmten Schmetterlinge im Bauch. Wird es mit der Nahrung aufgenommen, sorgt gerade dieser Bauch mit seinen Verdauungsenzymen dafür, dass das Glückshormon zerstört wird. Ähnlich der Glücksbote Serotonin, der im Gehirn als Botenstoff arbeitet, dort gute Stimmung verbreitet und sich auch in Schokolade findet. Doch die Blut-Hirn-Schranke lässt kein Serotonin passieren, sodass es nicht zu den Glückszentren vordringt. Serotonin macht also aus Schokolade keinen Glücksbringer. Doch dieses Serotonin besitzt einen Baustoff, den Eiweißgrundbaustein Tryptophan. Der lässt sich leicht in der Schokolade nachweisen und gelangt auch ins Gehirn, um dort unter anderem den Glücksboten Serotonin zu bilden. Wenn das wirklich glücklich macht, sollten Sie bei Kummer weniger zur Schokolade greifen, sondern besser

Schokolade macht glücklich, wenn damit glückliche Situationen verbunden werden.

ein Schnitzel essen oder ein Müsli genießen. Schweinefleisch oder Haferflocken liefern drei- bis viermal so viel Tryptophan wie die gleiche Menge Schokolade.

Was möglicherweise beim Essen von Schokolade das Glücksgefühl auslöst, geht weit in die Kindheit zurück. Wer in frühester Jugend oft mit einem Stück Schokolade gelobt oder getröstet wurde, spürt häufig auch als Erwachsener ein kindlich-fundamentales Glücksgefühl, wenn er sich selbst damit belohnt.

Snack-Alternativen

Statt sich mit Ausreden rauszureden, versuchen Sie doch folgende Tipps, um mit dem Heißhunger auf Süßes oder Pikantes gesund umzugehen:

▶ Kombinieren Sie leckere Schokolade mit gesunder Frucht. Dafür einen Schokoguss aus der Backabteilung Ihres Supermarktes nur

kurz erhitzen, kleine Früchte oder Fruchtstücke eintauchen und auf Backpapier abkühlen lassen.

▶ Kaufen Sie – wenn überhaupt – die kleinste Packungsgröße an Chips, Schokolade und Kräckern ein. Erfahrungsgemäß muss die Packung erst leer sein, bis das Verlangen nachlässt, ganz gleich wie viel in der Packung steckt.

▶ Sie haben eine Süßigkeiten-Schublade oder eine Schrankecke für Ihre Knabber-Produkte, die Sie öffnen, wenn Sie Langeweile haben oder sich belohnen wollen? Weg damit und stattdessen dort eine Lieblings-CD, ein Buch mit lustigen Kurzgeschichten, eine kleine Sammlung von schönen Fotos oder vielleicht einen Brief deponieren, über den Sie sich gefreut haben. All das genießen Sie in Momenten, in denen früher Konfekt und Knabberzeug helfen sollten.

GESUND-TIPP

Nicht mit Lebensmitteln belohnen
Lebensmittel sind Mittel zum Leben, nicht zum Loben, Belohnen oder Trösten. Wer bereits als Kind eher mit seinem Lieblingsgericht als mit Liebe beschenkt wurde, wird oft auch später versuchen, sich glücklich zu essen. Doch so lecker bestimmte Lebensmittel auch sein können, wirkliches Lebensglück kann man nicht essen.

In fünf Schritten zu mehr Genuss

Großer Genuss in fünf schnellen Schritten

Diese fünf schnellen Schritte zum Genuss gelten für jedes Lebensmittel – und ganz besonders für alles Kalorien- und Fettreiche. Das Gute daran: Derart genussvoll zu essen, kostet nur unwesentlich mehr Zeit, bringt aber wesentlich mehr Freude.

1. Spüren Sie in sich hinein

Gehen Sie vor (!) dem Einkaufen in Gedanken durch den Supermarkt, und überlegen Sie dabei, worauf Sie Appetit haben. Schreiben Sie das auf, und kaufen Sie genau das ein. Schließlich wollen Sie keinen Gouda und keine Putensalami essen, nur weil beides gerade im Angebot ist, wenn Ihnen Emmentaler oder Schwarzwälder Schinken viel besser schmecken.

2. Das Auge isst mit

Präsentieren Sie die Lebensmittel – selbst wenn Sie alleine am Tisch sitzen – appetitanregend. Also Käse und Wurst bitte nicht lieblos direkt aus dem Kühlschrank in der Verpackung auf den Tisch legen, sondern am besten auf Tellern servieren. So können Sie mit allen Sinnen genießen.

3. Schnuppern Sie mal

Machen Sie es wie beim Wein: Riechen Sie an Ihren Lebensmitteln, bevor Sie sie verzehren. Welches Aroma hat der Käse, duftet die Tomate, kribbelt die Pfeffersalami in der Nase, oder spüren Sie bei der Schokolade den Kakaoduft?

4. Wie fühlt es sich an?

Achten Sie auf das Mundgefühl: cremig, knackig, kühl, warm oder weich. Jedes Lebensmittel hat nicht nur ein anderes Aroma, es lässt auch ein ganz spezielles Mundgefühl entstehen. Nehmen Sie bewusst wahr, warum Ihnen die Knusprigkeit der Chips so behagt oder die Cremigkeit einer Nougatschokolade.

5. Entfaltung des Aromas

Fünfte und letzte Stufe ist natürlich das Aroma. Ganz wichtig: Lassen Sie sich Zeit dafür. Ja nicht zu früh runterschlucken. Wein, Schokolade, Käse, Tomate und viele andere leckere Lebensmittel schmecken (noch) besser, wenn sie im Mund langsam wärmer werden. Dabei gut kauen, denn auch die im Mund gebildeten Enzyme setzen erste Aromen frei: Brot bekommt eine leichte Süße und manche Gewürze entfalten dann erst ihren vollen Geschmack.

Sie sehen: Essen ist eine sehr sinnliche Angelegenheit, wenn Sie es nicht nebenbei erledigen, sondern es bewusst wahrnehmen. Dann nährt es nicht nur Ihren Körper, sondern auch Ihre Seele.

Lecker und gesund –
Tipps und Rezepte für die Express-Küche

Zeit sparen durch cleveres Organisieren

Bevor Ihnen ein 14-Tage-Plan genau zeigt, wie Sie eine schnelle 20-Minuten-Küche im Handumdrehen bewerkstelligen, zuerst einige nützliche Tipps für Planung, Einkauf, Vorrat und die wichtigsten Kochutensilien. Vielleicht klingt das zunächst reichlich spießig, etwas mühsam und mäßig attraktiv. Doch ein wenig Logistik in der Küche, ein gut ausgesuchtes Equipment und mehr Durchblick bei Einkauf und Vorrat machen das tägliche Kochen leichter und sicher auch lustvoller. Leider fehlt heute in den Unterrichtsplänen vieler Schulen das Fach Kochen oder Ernährung, sodass viele Jugendliche sich später nicht selbstständig bekochen können und damit tagtäglich auf die nicht immer günstigen und gesunden Angebote von Kantinen, Fast-Food-Ketten, Imbiss-Ständen oder Tief-kühltruhen angewiesen sind. Dabei ist leckeres Kochen keine Geheimwissenschaft. Mit einfachen Rezepten, die immer gelingen, kann das Kochen zum alltäglichen Hobby werden. Erst recht, wenn niemand den Drang verspürt, sofort ein Drei-Gänge-Menü zu servieren oder am Herd immer perfekt zu sein. Deshalb noch ein ganz wichtiger Hinweis für alle, die fest daran glauben, dass sie nie im Leben zur mustergültigen Hausfrau oder zum idealen Hausmann mutieren werden: Das müssen Sie auch nicht! Nehmen Sie sich kein Beispiel an Ihrer Mutter, der Schwiegermama oder wer Ihnen sonst als falsches Vorbild bisher den Mut am Kochen geraubt hat. Denn Perfektion ist langweilig, Kreativität bringt den Genuss – bereits beim Kochen und erst recht auf dem Teller!

Gut geplant ist halb erledigt

Wer heute schon weiß, was er übermorgen essen möchte, kann beim nächsten Einkauf im Gemüseladen, auf dem Wochenmarkt oder im Discounter schon im Voraus alles einkaufen. Daher lohnt sich eine genaue Menüplanung, um nicht unnötig viel Zeit zu vergeuden fürs Einkaufen inklusive Parkplatzsuche und Warteschlangen an der Supermarktkasse.

ZEITSPAREND EINKAUFEN

Viele Menschen mit wenig Zeit hassen das Einkaufen. Doch wer gut vorbereitet zum Discounter oder auf den Wochenmarkt geht, kommt schneller wieder nach Hause.

▶ Notieren Sie stichpunktartig, was Sie in den nächsten Tagen kochen möchten und was Sie dafür brauchen. Mit einem Vorrat (siehe Seite 83) an wichtigen Grundnahrungsmitteln verringern Sie die Anzahl der benötigten Lebensmittel, und Ihr Einkauf beschränkt sich vor allem auf frische, leicht verderbliche Produkte.

▶ Gehen Sie dann einkaufen, wenn die Geschäfte möglichst leer sind. Oft ist der Mittwochnachmittag zu empfehlen. Vermeiden Sie Großeinkäufe am Freitag oder Samstag.

▶ Versuchen Sie, möglichst viele Produkte in einem Geschäft zu bekommen. Auch wenn es den Aufschnitt woanders günstiger gibt und in einem dritten Laden gerade Ihr Lieblingskäse im Angebot ist, sparen Sie sich wegen weniger Cent die Zeit, noch ein weiteres Geschäft aufzusuchen.

▶ Schreiben Sie exakt auf, was Sie benötigen, um den Ärger zu vermeiden, wenn Sie zwar

an Eier und Mehl für den Kuchen gedacht haben, aber daheim das Backpulver fehlt.

▶ Ihren Einkaufszettel ordnen Sie zumindest im Groben nach Warengruppen wie Milchprodukte, Obst und Gemüse, Fleisch, Tiefkühlware, sodass Sie im Supermarkt die beieinanderstehenden Zutaten ohne Umwege schnell in den Einkaufswagen legen können.

Den Einkauf immer gut planen, um im Geschäft keine wertvolle Zeit zu verlieren.

LASSEN SIE SICH NICHT VERFÜHREN

Selbst bei einem derart gut geplanten Einkauf können Stolpersteine dazu führen, dass sich trotz guter Einkaufsliste und besten Einkaufszeiten das Besorgen der Lebensmittel zu einem zeitaufwändigen Unternehmen entwickelt. Mit einigen Tipps können Sie diese Stolpersteine zwischen Gemüsestand, Fleischtheke und Kassenzone ausräumen:

Der gezielte Kauf vorgefertigter Lebensmittel ermöglicht eine gesunde Express-Küche.

▶ Gehen Sie nicht mit Hunger und nie ohne Einkaufszettel einkaufen.

▶ Halten Sie sich strikt an Ihren Einkaufsplan, insbesondere wenn aufgetürmte Lebensmittel-Paletten Ihnen den Weg versperren und Sie mit Hinweisen auf Neuheiten oder günstige Preise von Ihrem schnellen Einkauf ablenken wollen.

▶ Nutzen Sie solche Angebote nur, wenn Sie sie wirklich brauchen.

▶ Achten Sie darauf, ob Sie den Salat, die Ananas oder auch die Karotten nicht schon vorgeschnitten bekommen. Solche vorbereiteten Produkte sparen Zeit und liefern, ob frisch oder tiefgekühlt, durchaus noch viele Nährstoffe. Die vorgeschnittenen enthalten allerdings mehr Keime, daher bitte schnellstmöglich verwenden und immer gut abspülen.

▶ Dosenprodukte sind dann okay, wenn Sie damit schnelle, schmackhafte Suppen, einen leckeren Fischvorrat, Hülsenfrüchte ohne Einweichen oder aromastarke Tomaten im Winter einkaufen.

▶ Tiefkühlware hilft Ihnen, immer einen Vorrat an bereits geputztem Gemüse, portioniertem Fleisch und filetierten Fisch im Haus zu haben. Damit sind Tiefkühlprodukte deutliche Zeitsparer. Zudem gehen sie äußerst schonend mit Vitaminen um – also unbedingt zugreifen.

▶ Gehen Sie einzeln einkaufen, oder teilen Sie den Einkaufszettel auf. Wer zu zweit einkauft, braucht doppelt so viel Zeit, weil jeder Griff in die Regale zu Diskussionen führen kann.

▶ Vermeiden Sie unbedingt den Einkauf mit Kindern. Wenn die Kinder mitkommen müssen, sollten sie je nach Alter im Einkaufswagen sitzen und sich dort mit ihrem Lieblingsspielzeug beschäftigen oder beim Ein- und Ausladen des Einkaufswagens mit eingespannt werden.

► Beim Einkauf mit Kindern erklären Sie Süßigkeitenregale zur Tabuzone. Lief der Einkauf trotz der Kinder stressfrei ab, gibt es danach (!) eine Belohnung, die süß sein kann, aber nicht muss.

ACHTEN SIE AUFS ETIKETT

► Das Mindesthaltbarkeitsdatum bedeutet nicht, dass ein Lebensmittel danach sofort verdorben ist. Prüfen Sie dann Aussehen, Geruch und Geschmack.

► Anders das Verbrauchsdatum bei leicht verderblichen Waren wie Hackfleisch. Ist dieses überschritten, wegwerfen!

► Im Zutatenverzeichnis steht zuerst die Hauptzutat, an letzter Stelle die Zutat mit der geringsten Menge. Die 14 häufigsten Allergieauslöser wie Soja, Weizen, Milch, Eier und Nüsse müssen immer genannt werden.

► Bei lose verkauftem Obst und Gemüse finden Sie das Herkunftsland angegeben, sodass Sie wissen, wie lange die Ware bereits unterwegs war.

BESTER RAT: GRUNDVORRAT

Damit nicht für jede Kleinigkeit gleich der Weg zum Supermarkt fällig wird, lohnt sich ein möglichst gut gewählter Grundvorrat an Lebensmitteln des (fast) täglichen Gebrauchs, der auch in einer kleinen Küche Platz findet. Auf jeden Fall sollten Sie im Haus haben:

► Jodsalz, Pfeffer, Zucker, Vanillezucker, Zimtpulver, Kakaopulver

► Muskat, Kurkuma, Nelkenpulver, Kreuzkümmel, mildes Currypulver, Cayennepfeffer, getrockneter Thymian, getrockneter Rosmarin, gekörnte Gemüsebrühe

► Olivenöl, Rapsöl, Walnussöl

► hellen Aceto Balsamico, Salatcreme, mildes Ajvar (Paprikapüree aus dem Glas), Tomatenpüree (aus der Packung), süßer und mittelscharfer Senf

► kernige Haferflocken, Rosinen, Mehl (vorzugsweise Vollkornmehl), Paniermehl, Parboiled-Reis, Walnüsse

► Honig oder Marmelade, Kaffee oder Tee, Brot (vorzugsweise Vollkornbrot oder ballaststoffreiches Knäckebrot)

► Milch (es kann auch H-Milch sein), fettarmer Frischkäse, Magerquark

► Fischkonserven (im fettfreien Sud), geräucherter Schinken, Fertig-Pizzateig

► in der Tiefkühltruhe: Gemüse, Kräuter und Fisch nach individuellem Geschmack

► Orangensaft, Apfelsaft, Zitronensaft

GESUND-TIPP

Gemüsebrühe ohne Glutamat
Wer Geschmacksverstärker wie Glutamat nicht verträgt oder ablehnt, findet im Naturkosthandel Brühe in Pulverform ohne diese Zusätze. Achten Sie darauf, dass auch Hefeextrakte viel Glutamat enthalten. Einige Hersteller bieten daher hefefreie Produkte an.

Küchengeräte, die wirklich Zeit sparen

Machen Sie in Ihrer Küche Platz für Geräte, die Sie wirklich regelmäßig brauchen. Wenn es Eier, Toast und frisch gepressten Orangensaft höchstens gelegentlich am Wochenende gibt, haben ein Eierkocher, ein Toaster oder gar eine elektrische Zitruspresse auf der Arbeitsplatte einer normal großen Küche nichts zu suchen. Weit wichtiger wäre der Platz für

► ein großes Brett, auf dem auch Lauchstangen und Gurken in ganzer Länge geschnitten werden können

► einen Messerblock für mindestens drei scharfe Küchenmesser: ein Brotmesser mit Wellenschliff, ein kleineres Gemüsemesser zum Schälen und Schneiden und ein längeres Fleischmesser für größere Schneidaufgaben

► ein Mikrowellengerät zum schnellen Auftauen, Aufwärmen und Garen von Gemüse

► eine Küchenmaschine zum Pürieren, Reiben, Stifteln, Rühren und Hacken, die wie die Mikrowelle stets einsatzfähig parat steht und nicht erst aus der hinteren Schrankecke hervorgeholt werden muss.

Für die schnelle Küche mit Kochlust-Garantie sollten in unmittelbarer Reichweite jederzeit bereitstehen:

► Reibe mit sicherem Stand (Vierkantreibe)

► Pfeffermühle, Salz, Zucker und alle Gewürze, die häufig gebraucht werden

► mindestens zwei mittelgroße Töpfe mit Sandwich-Boden

► mindestens eine beschichtete Pfanne

► Löffel und Pfannenwender zum Umrühren, Wenden und Abschmecken

► Sparschäler

► mindestens vier unterschiedlich große Schüsseln

► Auflaufform

► Waage, Messbecher

► Küchenpapier

10 TOP-TIPPS: CLEVER KOCHEN

Beim Kochen helfen diese zehn Basis-Tipps, Zeit zu sparen.

1. Vor dem Start das Rezept ganz durchlesen, um den Überblick zu bekommen.

2. Alle Zutaten bereitstellen.

3. Immer wieder die gleichen Messer, Schüsseln und Löffel verwenden, so wird der Abwasch einfacher.

4. Zum Schneiden stets das passende Messer verwenden, beispielsweise das Grün der Möhren mit einem kleinen Gemüsemesser abschneiden, das gleiche Messer zum Putzen verwenden, die Möhren selbst aber mit einem großen Fleischmesser in dünne Scheiben schneiden.

5. Beim Schneiden darauf achten, dass das Schneidgut möglichst rutschsicher auf dem Brett liegt. Dazu beispielsweise Äpfel halbieren – nicht vierteln –, und die flache Schnittfläche aufs Brett legen.

6. Für den schnellen Messerschnitt das Schneidgut mit den Fingern im Zangengriff festhalten. Hierfür stehen die unteren Fingerglieder (mit Ausnahme des Daumens) genau senkrecht auf dem Schneidgut. Das scharfe (!) möglichst große Messer führen Sie im direkten Kontakt an den Fingergliedern entlang nach unten, bis Sie das Schneidgut durchtrennen. Dabei bleibt die Spitze des Messers immer auf dem Brett, während die Schneide in gleichmäßigen Wiegebewegungen rauf und runtergeführt und immer vom Körper wegbewegt wird. Achtung: Der Daumen versteckt sich dabei schützend hinter den senkrecht stehenden Fingern. Klingt kompliziert, erleichtert jedoch nach einiger Übung das Schneiden ungemein.

7. Blitzschnell garen nach dem Wok-Prinzip: Klein geschnittenes Gemüse und Fleischstücke in Pfanne oder Topf im heißen Öl kurz dünsten, dann unter ständigem Wenden fertig garen, sodass das Gemüse noch Biss hat.

8. Zum Kochen und Dünsten möglichst wenig Wasser nehmen, dann benötigen Sie zum Garen weniger Zeit, außerdem schonen Sie damit alle wasserlöslichen Vitamine und sämtliche Mineralstoffe. Dabei im gut geschlossenen Topf garen, sodass der heiße Dampf nicht entweichen kann. Damit sparen Sie viel Zeit und 65 Prozent der Energiekosten. Wenn Sie Angst haben, dass Ihr Gemüse in wenig Wasser anbrennt, erleichtern Topfdeckel aus Glas die Kontrolle, ohne dass Sie den Deckel immer wieder abnehmen müssen, sodass der Dampf und damit viel Energie verloren gehen.

Mit guten Messern und der richtigen Technik geht das Schneiden schnell von der Hand.

9. Doppelte Portionen kochen, eine einfrieren – und das Essen für einen der nächsten Tage ist bereits fertig.

10. Während das Essen auf dem Herd oder im Backofen steht, bereits für Ordnung sorgen: restliche Zutaten wegräumen, Spülmaschine füllen, Kochmesser von Hand abspülen und Arbeitsfläche abwischen.

Basiselemente für die Express-Küche

Damit Sie aus dem Stand heraus schnell, gesund und vor allem lecker kochen und genießen können, finden Sie hier fünf Basisrezepte, die Sie je nach Lust und Laune, eigenem Geschmack und dem Restebestand in Ihrem Kühlschrank abwandeln oder ergänzen können. Diese Basisrezepte bereiten Sie einmal in größerer Menge zu – auch gerne doppelt so viel wie angegeben –, und schon haben Sie einen Grundstock für Gerichte, mit denen Sie dann ganz schnell etwas Feines auf den Tisch zaubern können. Anregungen dazu finden Sie in den Variationsmöglichkeiten jeweils nach den Basisrezepten.

Müsli-Basis

200 g kernige Haferflocken und 50 g gehackte Walnüsse in einer Pfanne ohne Fett leicht rösten. Im gut verschließbaren Glas aufbewahren. Mit Saft, Milch, Quark oder Joghurt verrühren.

Variationsmöglichkeiten:
- ▶ Vorm Servieren klein geschnittene oder geriebene Äpfel und Birnen, Beeren, Orangenspalten oder Ananasstücke zugeben.
- ▶ Trockenfrüchte wie Rosinen, klein geschnittene Dörräpfel, gehackte Datteln oder getrocknete Kirschen unterrühren.
- ▶ Mit Zimt, Vanille oder Kakao bestreuen.
- ▶ Mit Vanillezucker, Marmelade, Sirup oder Honig süßen.
- ▶ Erhitzen, süßen und als Porridge servieren.
- ▶ Mit geschlagener Sahne, Ahornsirup und frischen Feigen veredeln.

Kräuteraufstrich-Basis

400 g fettarmer Frischkäse mit 1 Packung tiefgekühltem Basilikum verrühren, mit Salz, Pfeffer und Currypulver würzen. Gut verschlossen im Kühlschrank aufbewahren. Hält mindestens 7 Tage.

Das Müsli-Basis-Rezept lässt sich ideenreich und vielfältig abwandeln.

Variationsmöglichkeiten:
- ▶ Mit Tomatenmark oder Ajvar (Paprikamus) verrühren.
- ▶ Mit Salatcreme und wenig Milch zum Dip für Gemüse aufpeppen.
- ▶ Mit wenigen Tropfen Tabasco und Paprikapulver schärfen.
- ▶ Mit Tahin (Sesammus) oder Mandelmus in eine Nusscreme verwandeln.
- ▶ Mit Thymian, Rosmarin und fein gehackten Trockentomaten mediterran abschmecken.

Salatsaucen-Basis

1 TL gekörnte Brühe, 1 Packung tiefgekühlte Kräuter mit 150 ml Wasser, 5 EL Walnussöl und 5 EL Apfelessig in ein leeres Schraubglas geben, kräftig mit Salz, Pfeffer und einer Prise Zucker würzen. Gut schütteln und nochmals abschmecken. Im Kühlschrank aufbewahren. Hält gut und gerne vier Wochen.

Mit Gewürzen, Kräutern oder Joghurt können Sie die Salatsaucen-Basis verfeinern.

Variationsmöglichkeiten:
- ▶ Mit Salatcreme oder Joghurt cremig rühren.
- ▶ Mit Currypulver, Paprikapulver oder Cayennepfeffer würzen.
- ▶ Gehackten Schnittlauch, Petersilie oder Dill unterrühren.
- ▶ Gehackte Walnüsse, gerösteten Sesam oder Pinienkerne zugeben.
- ▶ Mit Senf, Tomatenmark oder zerdrückten Sardellen verrühren.
- ▶ Mit Kapern, gehackten Zwiebeln oder gehackter Essiggurke aromatisieren.

Suppen-Basis

Pro Person 400 ml Wasser zum Kochen bringen. Gekörnte Brühe nach Packungsaufschrift zugeben. Je nach Geschmack mit Currypulver, Muskatnuss und/oder Trockenkräutern würzen. In ein großes Schraubglas füllen. Hält sich im Kühlschrank mehrere Wochen.

Variationsmöglichkeiten:
- ▶ Tiefgekühlte Gemüsemischung zugeben.
- ▶ Tiefgekühlte Mark- oder Grießklößchen zugeben.
- ▶ 3-Minuten-Nudeln mitgaren.
- ▶ In Streifen geschnittenen Pfannkuchen zur Suppe geben.
- ▶ Abgetropfte Hülsenfrüchte (Dose) zugeben.
- ▶ Tiefgekühlte Erbsen zugeben und pürieren.
- ▶ Gekochten Reis zur Suppe geben.
- ▶ Geröstete Toastbrotwürfel über die Suppe streuen.

Gemüsemischung-Basis

2 Paprikaschoten (rot und gelb) halbieren, waschen, dabei von Kernen und Innenhäuten befreien. 1 Zucchini und 1 kleine Aubergine waschen, putzen, mit den Paprikahälften in kleine Würfel schneiden. Mit getrocknetem Thymian und Rosmarin mischen. Dann in kleinen Gefrierbeuteln portionieren und tiefgekühlt aufbewahren.

Eine eigene Gemüsemischung trifft den individuellen Geschmack besser als eine gekaufte.

Einsatzmöglichkeiten:

▶ als Suppeneinlage
▶ als Pfannengemüse
▶ mit Tomatenpüree als mediterrane Gemüsesauce
▶ gedünstet als Pfannkuchenfüllung
▶ mit Quark, Ei und Parmesan als Gemüseauflauf
▶ auf dem Pizzateig oder Toastbrot mit Mozzarella überbacken
▶ mit Hackfleisch und Paniermehl als Gemüse-Frikadelle
▶ für ein Curry mit Fleischwürfeln anbraten und Frischkäse untermengen.

Variationsmöglichkeiten:

Neben der genannten mediterranen Gemüsemischung aus Paprika, Zucchini und Aubergine können Sie auch viele weitere Gemüsesorten waschen, putzen, klein schneiden und für den Tiefkühlvorrat mischen. Diese Gemüse sollten in etwa gleiche Garzeiten aufweisen und gut zusammen schmecken. Das könnten beispielsweise sein:

▶ Bleichsellerie, Möhren und Kohlrabi mit mildem Currypulver und reichlich Schnittlauch. Schmeckt frisch und knackig.
▶ Knollensellerie, Möhren und Petersilienwurzeln mit Majoran und wenig Liebstöckel. Schmeckt kräftig und würzig.
▶ Zuckererbsen, kleine Möhren und Radieschen mit wenig Estragon und Paprikapulver. Schmeckt zart und jung.
▶ Lauch und rote Paprikaschoten mit Schinkenwürfeln und getrocknetem Thymian. Schmeckt deftig und herzhaft.
▶ Brokkoli, Blumenkohl und Stangenbohnen mit Currypulver und Bohnenkraut.

Einmal kochen, mehrfach servieren

Gleich mehrere Portionen kochen, um die Reste einzufrieren und – wenn mal die Zeit zum Kochen fehlt – wieder schonend zu erhitzen, kann jeder Besitzer eines halbwegs leeren 4-Sterne-Kühlfaches (Tipps dazu ab Seite 91). Doch einmal am Herd stehen und daraus gleich zwei oder sogar drei verschiedene Rezepte machen, da ist kreatives Kochen verlangt. Hier einige Beispiele, die Sie auch zu eigenen Ideen anregen können:

Aus Rohkostsalat wird Brotaufstrich

Fein geriebenen Rohkostsalat mit reichlich fettarmem Frischkäse oder Magerquark zu einer streichfähigen Masse pürieren, mit frischen Kräutern und Currypulver würzen.

Aus Tomatensalat wird Pizzabelag

Tomatensalat gut abtropfen lassen, Pizza-Fertigteig damit belegen, mit Parmesan bestreuen oder mit Mozzarella belegen und backen.

Aus Braten wird Brotbelag

Bratenrest abkühlen lassen, dünn aufschneiden und wie Schinken zum Abendbrot essen oder mit Rucola und reichlich Zitronensaft pürieren, kräftig mit Salz und Pfeffer würzen. Fleisch-Rucola-Creme aufs Brot streichen.

Aus Braten wird bunter Cocktailsalat

Kalten Schweinebraten in Streifen aufschneiden, mit Paprikastreifen und Mandarinenspalten (Dose), gehackter Zwiebel und einer zitronigen Joghurt-Curry-Ingwer-Sauce vermengen.

Aus gekochtem Gemüse wird schneller Gemüsetoast

Gekochtes Gemüse jeglicher Art mit einem Ei, fettarmem Frischkäse, eventuell etwas Milch und Schinkenwürfeln vermengen, je nach Geschmack mit Salz, Pfeffer, Muskat und Kräutern würzen, auf Vollkorntoast streichen und mit geriebenem Parmesan bestreuen. Bei 200 Grad 10 Minuten im Backofen garen.

Ein Braten schmeckt am nächsten Tag dünn aufgeschnitten als Brotbelag.

Aus Pfannengemüse mit Schnitzel wird Nudelsauce

Gebratenes Schnitzel sehr klein schneiden, gekochtes Pfannengemüse und etwas Tomatensaft oder Tomatenpüree grob pürieren, erhitzen, Fleischstücke zugeben, mit Thymian und Paprikapulver würzen und zu gegarten Nudeln geben.

Aus Pfannengemüse mit Schnitzel wird bunter Reistopf

Gebratenes Schnitzel sehr klein schneiden. Abgekühlte Gemüsebeilagen wie Erbsen, klein geschnittene Möhren, Zucchiniwürfel, Brokkoliröschen oder Kohlrabistücke mit den Fleischstücken zu fast fertig gegartem Reis geben, bei Bedarf noch etwas Gemüsebrühe zugeben, zu Ende garen, gehackte Kräuter, etwas Muskat und geriebenen Parmesan untermengen.

Aus Hähnchen-Reis-Curry wird Hähnchen-Salat

Abgekühltes Hähnchencurry aus klein geschnittenem Hähnchenfleisch und Reis mit frisch geschnittenen, kleinen Ananaswürfeln, halbierten kernlosen Weintrauben oder Mandarinenspalten (Dose) vermengen, dazu Frischkäse und Salatcreme unterrühren und mit Ingwerpulver würzen.

Aus buntem Reistopf wird Gemüse-Reis-Auflauf

Reistopf mit Ei-Quark-Mischung (2 Eier, 200 g Magerquark) und 100 g grob geriebenem Käse verrühren, mit Tomatenmark oder Ajvar, passenden Kräutern wie Thymian, Rosmarin, frischer Petersilie oder Schnittlauch und Gewürzen kräftig abschmecken. Bei 200 Grad 25 Minuten im Backofen stocken lassen.

Aus Nudeln mit Fleischsauce wird Gemüse-Nudel-Pfanne

Gehackte Zwiebeln und Leipziger Allerlei (tiefgekühlt) kurz dünsten, Nudeln mit Hackfleischsauce untermengen. Mit frisch gehacktem Schnittlauch servieren.

Luftdicht schließende Plastikboxen – ideal zum Einfrieren und für den Snack im Job.

EXPRESS-TIPP

Doppelt gekocht und einmal eingefroren

Haben Sie noch Platz im Tiefkühlfach? Dann nutzen Sie ihn, und kochen Sie gleich doppelte Mengen, um dann die zusätzliche Portion als Fix-und-Fertig-Vorrat in die Kälte zu schicken.

► Einfrieren lässt sich fast alles. Einzig sehr empfindliche Gemüse- und Obstsorten wie Spargel, Tomaten, Sharonfrüchte und Mangos leiden in der Eiseskälte. Auch Salate haben nichts im Tiefkühlfach verloren.

► Achten Sie darauf, dass fertige Speisen nach etwa drei Monaten wieder aufgetaut und verwendet werden sollten.

► Grundvorräte wie Fleischstücke, geputztes und portioniertes Gemüse oder Obst können im Froster hingegen bis zu einem Jahr völlig problemlos lagern.

► Wenn Sie größere Portionen garen, um einen Teil davon einzufrieren, sollten Sie die einzufrierende Menge bereits knapp vor Ende der eigentlichen Garzeit abnehmen, kurz abkühlen lassen und dann portionsgerecht verpacken.

► Als Verpackung zum Einfrieren eignen sich Gefrierbeutel, feste verschließbare Dosen aus Kunststoff oder Aluminium. Achten Sie darauf, dass hitzestabile Gefrierbeutel oder auch bestimmte Kunststoff-Behälter direkt ins heiße Wasserbad in die Mikrowelle gestellt werden können. Das schmälert den Aufwand beim Abwaschen.

► Es empfiehlt sich, auf dem Tiefkühlvorrat kurz zu notieren, was Sie dort wann eingefroren haben. Zum Beschriften der Beutel oder Behälter immer nur wasserfeste Stifte nehmen.

► Die meisten bereits zubereiteten Speisen werden unaufgetaut in heißem Wasser, in der Mikrowelle oder im Backofen zubereitet.

► Achten Sie darauf, die eingefrorenen Reste immer gleichmäßig zu erhitzen. Am besten und schnellsten gelingt das in der Mikrowelle. Mit etwas Voraussicht können Sie die Tiefkühlware aber auch langsam und schonend etwa einen halben Tag im Kühlschrank auftauen lassen.

► Am besten Sie packen am Morgen vom Tiefkühlfach in den Kühlschrank, was Sie abends aufwärmen möchten. Dann noch etwas Reis oder Nudeln dazu – und schon bringen Sie dank Küchentechnik und ein wenig Planung ein leckeres Abendessen auf den Tisch.

Schnell & lecker – die Rezepte

Auf den nächsten Seiten finden Sie jede Menge appetitanregender Rezepte, die zeigen, dass modernes Kochen Spaß machen kann. Sie brauchen im Schnitt nicht länger als 20 Minuten Arbeit zu rechnen, dann können Sie entweder schon servieren oder sich noch kurz anderen Dingen widmen, während Ihr Essen ohne Ihr weiteres Zutun auf dem Herd oder im Backofen zu Ende gart.

Sie finden die Rezepte auf zwei Wochen aufgeteilt. Für jeden Tag ein Muntermacher-Frühstück, das Sie morgens weckt und zwei Hauptmahlzeiten, die Ihre Leistungskurve oben halten und von denen Sie eine problemlos mit zur Arbeit nehmen können. Als Extra für den süßen Zahn können Sie sich gerne einen kleinen, einfachen, aber leckeren Snack gönnen. Idealerweise essen Sie ihn am Ende einer der beiden Hauptmahlzeiten – oder als bessere Alternative zu Schokolade, Chips und Sahnetorte.

Die Rezepte sind jeweils für zwei Personen entwickelt worden, weil in den meisten Haushalten heute nicht mehr vier, sondern zwischen ein und zwei Menschen leben. Sitzen bei Ihnen vier um den Tisch, so können Sie die Rezeptmengen problemlos verdoppeln. Singles dagegen halbieren einfach.

Sollten Sie zwischendurch eine herzhafte Kleinigkeit vermissen, dann bitte statt der vielleicht sonst üblichen Scheibe Wurst oder den Käsekräckern besser dünne Schinkenscheiben oder pikant gewürzten Kräuterquark bevorzugen. Sie finden einen reichen Ideenvorrat an leckeren und leichten süßen wie herzhaften Snacks am Ende dieses Rezeptkapitels ab Seite 128.

Ernährung im 2-Wochen-Plan

Sie können den folgenden 2-Wochen-Plan als festes, abwechslungreiches Ernährungsprogramm in Ihrem Alltag ausprobieren. Dann müssen Sie sich um nichts kümmern und sparen schon dadurch viel Zeit, dass Sie nicht darüber nachdenken müssen, was Sie zubereiten werden und was Sie dafür benötigen und eventuell noch einkaufen müssen. Mit der Einkaufsliste wird die Planung denkbar einfach. Ein Grundvorrat an Lebensmitteln wie Salz, Öle, Essig oder Haferflocken wurde berücksichtigt und nur zu Ihrer Kontrolle in der Vorratsliste aufgeführt. Sollte etwas daraus fehlen, bitte mitbesorgen. Ansonsten können Sie sich auf die Einkaufslisten verlassen. Zwei größere Einkäufe und zwei ganz kleine für frisches Fleisch reichen aus. Damit sparen Sie kostbare Zeit in Lebensmittelgeschäften. Übrigens: Starten Sie den 14-Tage-Plan nicht am Montag. Dafür müssten Sie am Samstag einkaufen, wenn die Schlangen in den Supermärkten besonders lang sind.

BLEIBEN SIE FLEXIBEL

Leider können die Einkaufslisten keine individuellen Wünsche oder Ihren persönlichen Geschmack berücksichtigen: Statt der Birne besser einen Apfel oder gelegentlich ein Stück Schokolade zwischendurch – das kann ein Ernährungsplan nicht berücksichtigen. Besonders beim Frühstück und beim Dessert könnte ein starrer Plan auch hinderlich sein. Denn immer wieder ein anderes Frühstück und täglich etwas Süßes bringen zwar Abwechslung, machen aber auch mehr Arbeit.

Bleiben Sie also flexibel: Variieren Sie die Rezepte nach Geschmack. Und bei wenig Zeit muss es keine große Abwechslung am Morgen geben. Falls Sie ein Frühstück so lecker finden, dass Sie damit jeden Tag beginnen wollen, dann machen Sie es.
Die möglicherweise zu viel eingekauften Lebensmittel können Sie sicher auch anders verwenden. Lassen Sie sich also von dem Einkaufs- und Ernährungsplan nichts aufzwingen.

Freiheit statt fester Plan

Sie sind nicht der Typ für einen festen 14-Tage-Plan, weil bei Ihnen jeder Tag anders aussieht und Sie morgens nicht wissen können, wie die nächsten zwölf Stunden verlaufen werden? Dann hat es keinen Wert, sich auf ein striktes Ernährungsprogramm inklusive Einkaufsplan und Resteverwertung festzulegen. Schauen Sie sich trotzdem in Ruhe und mit Freude die nächsten Seiten an. Bestimmt finden Sie etwas, das Ihnen Appetit macht, sich hin und wieder eines der vielen Express-Rezepte herauszusuchen und nachzukochen. Dann zwar ohne fertige Einkaufsliste, dafür aber mit der vollen Freiheit bei der Wahl Ihrer liebsten Leckerbissen. Spätestens dann werden Sie erleben, wie viel Spaß Kochen und Genießen besonders zu zweit oder im Freundeskreis machen, sodass es in Ihrem vollen Terminkalender immer mal wieder einen Platz dafür geben sollte. Es entspannt, gibt Ihnen Energie und fördert gleichzeitig noch die Kommunikation.

Ihr Menüplan für 14 Tage im Überblick

1. Tag > Seite 98/99

Beerenquark mit Haferflocken
Kohlrabi-Möhren-Salat mit Schinken
Fruchtiger Geflügeltopf mit Chinakohl

6. Tag > Seite 108/109

Tomaten-Frischkäse-Brot
Kohlrabisalat mit Weintrauben und
Walnüssen
Gemüse-Pfannkuchen

7. Tag > Seite 110/111

Kiwi-Müsli
Blitznudeln mit Schinken-Tomatensauce
Paprika-Curry mit Rindfleisch

2. Tag > Seite 100/101

Kräuterquark-Brötchen
Zucchini-Erbsen-Törtchen mit
Chinakohlsalat
Spaghetti mit grüner Sauce

8. Tag > Seite 112/113

Superschnell-Müsli
Bunter Salat
Blitz-Eintopf

3. Tag > Seite 102/103

Birnenknäcke
Tomatensalat mit Zucchini und
Mozzarella
Minutensteak mit Zuckerschoten

9. Tag > Seite 114/115

Kiwi-Schinken-Knäcke
Avocado-Salat
Lachsragout mit Brokkoli

4. Tag > Seite 104/105

Melonen-Müsli
Räucherlachs-Reissalat
Möhren-Kartoffel-Suppe

5. Tag > Seite 106/107

Beerenstarker Morgendrink
Garnelen-Salat
Hähnchenpfanne

10. Tag > Seite 116/117

Toastbrot mit Walnusscreme
Möhren-Zucchini-Rohkost mit
Kichererbsen
Gefüllte Aubergine

Snacks für Zwischendurch

Ihre Einkaufsliste für 14 Tage

Im Vorrat:

Jodsalz

Pfeffer

Zucker

Vanillezucker

Zimtpulver

Kakaopulver

Muskat

Kurkuma

Nelkenpulver

Kreuzkümmel

mildes Currypulver

Cayennepfeffer

Thymian, getrocknet

Rosmarin, getrocknet

Lorbeerblätter

gekörnte Gemüsebrühe

Olivenöl

Rapsöl

Walnussöl

heller Aceto Balsamico

Salatcreme

Tomatenmark

mildes Ajvar

süßer und mittelscharfer Senf

Paniermehl

1 Packung kernige Haferflocken

Vollkornmehl

Parboiled-Reis (500 g)

Walnusskerne (200 g)

Rosinen

1 Liter Orangensaft

1 Liter Apfelsaft

Zitronensaft

fettarme Milch

Einkauf für die ersten sieben Tage

3 reife, weiche Birnen

1 großer Apfel

1 Galia-Melone

½ Ananas

150 g kernlose Weintrauben

2 Kiwis

2 Orangen

30 g Ingwerwurzel

1 Knoblauchzehe

4 Zwiebeln

1350 g Kartoffeln (500 g für die 1. Woche)

1 kleine Lauchstange

500 g Kohlrabi

1 Möhre

1 kleiner Chinakohl (ca. 200 g)

2 kleine Zucchini (ca. 250 g)

4 Radieschen

500 g Tomaten

8 Cocktailtomaten

2 große rote Paprikaschoten

100 g Champignons

500 ml Möhrensaft

300 g Dosentomaten

2 Packungen TK-Basilikum

2 Packungen TK-Petersilie

300 g TK-Asia-Gemüse

250 g TK-Himbeeren

250 g Beeren, frisch oder tiefgekühlt

500 g TK-Erbsen (400 g für die 2. Woche)

900 g TK-Brokkoliröschen (700 g für die 2. Woche)

300 g TK-Zuckerschoten

400 g TK-Garnelen, geschält und entdarmt (250 g für die 2. Woche)

3 Eier

200 ml Buttermilch

750 g Magerquark

600 g fettarmer Frischkäse

125 g Mozzarella

200 g Parmesan (120 g für die 2. Woche)

100 g Räucherlachs

300 g Lachsschinken

200 g Hähnchenbrustfilets

4 dünne Minutensteaks

2 Aufback-Brötchen

6 Scheiben Knäckebrot

2 Scheiben Vollkornbrot (oder 6 Scheiben Knäckebrot)

500 g Spaghetti

80 g (= 8 EL) Mandelblättchen (40 g für die 2. Woche)

400 ml Kokosmilch

Frischeeinkauf für 5. und 7. Tag

300 g Hähnchenbrustfilet

1 dicke Scheibe Rinderroulade (ca. 150 g)

Einkauf für die zweiten sieben Tage

2 große süße Äpfel

3 Birnen (davon 1 kleine und 1 große)

2 große Bananen

4 Kiwis

2 Bio-Zitronen

1 kleine Zitrone

1 Avocado

½ Cantalupe-Melone

6 Zwiebeln (davon 3 kleine)

1 kleine rote Zwiebel

2 große und 3 kleine Möhren

2 Romanasalat-Herzen

1 Aubergine

3 große rote Paprikaschoten

150 g Cocktailtomaten

1300 g Tomaten

2 Knoblauchzehen

1 Salatgurke

¼ Sellerieknolle (ca. 300 g)

250 g Fenchel

1 kleine Zucchini

1 Kästchen Kresse

400 g Champignons

300 g weiße Bohnen (Dose)

300 g Mais (Dose)

50 g schwarze eingelegte, entsteinte Oliven

1 Dose Kichererbsen (240 g Nettogewicht)

2 Packungen TK-Basilikum

2 Packungen TK-Petersilie

1 Packung TK-Dill

1 Packung TK-Schnittlauch

400 g TK-Lachsfilet

200 g Magerquark

400 g fettarmer Frischkäse

800 g fettarmer Joghurt

150 g Fetakäse

125 g Mozzarella

200 g Lachsschinken

200 g Räucherlachs in Scheiben

6 Scheiben Knäckebrot (oder 2 Scheiben Vollkornbrot)

8 Toastbrotscheiben

300 g Vollkornnudeln (Penne oder andere kurze Formen)

400 g Schupfnudeln (Kühlregal)

Frischeeinkauf für 12. Tag

200 g Schweinefilet

Den Beerenquark können Sie auch mit Erdbeeren oder Brombeeren zubereiten.

Beerenquark mit Haferflocken

FÜR 2 PERSONEN
Zubereitungszeit: 5 Min.

100 ml Orangensaft | 250 g TK-Himbeeren | 100 g Magerquark | 1 Päckchen Vanillezucker | 4 EL kernige Haferflocken

1. Orangensaft erhitzen.

2. Tiefgekühlte Himbeeren zugeben und mit dem Quark und Vanillezucker pürieren.

3. Haferflocken in einer Pfanne ohne Fett leicht rösten. Die Hälfte der Flocken unterrühren und die übrigen über den Quark streuen und unterrühren.

Frühstücksaufstrich

Der Beerenquark ohne Haferflocken schmeckt sehr gut auf Frühstücksbrötchen oder Toastbrot. Auch als leckeres Dessert eignet er sich hervorragend.

Kohlrabi-Möhren-Salat mit Schinken

FÜR 2 PERSONEN
Zubereitungszeit: 15 Minuten

100 g Lachsschinken | 200 g Kohlrabi | 1 Möhre | 1 großer Apfel | 1 TL Zitronensaft | 2 EL Apfelsaft | 1 TL Walnussöl | 1 TL süßer Senf | 1 TL Currypulver | Jodsalz | Pfeffer

1. Den Lachsschinken in kleine Würfel schneiden.

2. Von dem Kohlrabi die Blätter und von der Möhre die Enden abschneiden, die Gemüse schälen und grob reiben.

Frische-Tipp

Wollen Sie frische Bundmöhren lagern, trennen Sie das Grün ab, es entzieht den Möhren Feuchtigkeit, sodass sie schneller austrocknen und braune Stellen bekommen.

3. Apfel halbieren, Kerngehäuse entfernen und die Hälften reiben, mit Zitronensaft, dem geriebenen Gemüse und Schinkenwürfeln vermengen.

4. Apfelsaft mit Walnussöl und Senf verrühren, mit Currypulver, Salz und Pfeffer würzen. Sauce unter den Salat mengen.

Fruchtiger Geflügeltopf mit Chinakohl

FÜR 2 PERSONEN
Zubereitungszeit: 20 Minuten
+ Zeit zum Auftauen

Jodsalz | 100 g Parboiled-Reis | 200 g Hähnchenbrustfilets | ½ kleiner Chinakohl (ca. 100 g) | 10 g Ingwerwurzel | 250 ml Gemüsebrühe | 200 ml Kokosmilch | 1 Prise Cayennepfeffer | ¼ Galia-Melone | Pfeffer | ½ Packung TK-Petersilie

1. 250 ml Salzwasser zum Kochen bringen. Reis zugeben, Deckel schließen, Herdplatte ausschalten und Reis ausquellen lassen.

2. Hähnchenbrust in Würfel schneiden. Chinakohl putzen, in kleine Streifen schneiden.

3. Ingwer schälen und fein reiben.

4. Brühe und Kokosmilch mit Cayennepfeffer und Ingwer aufkochen und kräftig verrühren. Hähnchen und Chinakohl beigeben, ca. 3 Minuten weiterköcheln, würzen.

5. Melonenviertel von den Kernen befreien, schälen, in kleine Stücke schneiden und in der Suppe heiß werden lassen.

6. Mit Salz, Pfeffer und tiefgekühlter Petersilie abschmecken. Mit dem Reis servieren.

REST GUT VERPACKEN: ½ Chinakohl oder ¼ Melone kann man nicht kaufen, daher entstehen bei diesem Rezept Reste. Doch die werden in diesem Ernährungsplan jeweils aufgebraucht, sogar innerhalb weniger Tage: Dafür die Chinakohlhälfte in Papier einschlagen und kühl aufbewahren. Sie wird bereits am nächsten Tag verwendet. Den Melonenrest am besten mit einer Frischhaltefolie überziehen und im Gemüsefach des Kühlschrankes lagern. Der Rest wird am vierten Tag aufgebraucht.

Geflügeltopf: Schmeckt auch mit halbierten Weintrauben anstelle der Melonen.

Zucchini-Erbsen-Törtchen sind auch kalt ein Genuss.

Kräuterquark-Brötchen

FÜR 2 PERSONEN
Zubereitungszeit: 10 Minuten

2 Aufback-Brötchen | 100 g Magerquark | ¼ Packung TK-Petersilie | Jodsalz | Pfeffer | Currypulver | 4 Radieschen

1. Brötchen aufbacken, aufschneiden. Quark mit Petersilie verrühren, mit Salz, Pfeffer und Currypulver pikant würzen. Auf die Brötchenhälften streichen.

2. Radieschen waschen, putzen und in dicke Scheiben schneiden, auf die Brötchen legen oder dazuessen.

Zucchini-Erbsen-Törtchen mit Chinakohlsalat

FÜR 2 PERSONEN
Zubereitungszeit: 20 Minuten
+ 15 Minuten zum Backen

100 g TK-Erbsen | 1 kleine Zucchini (ca. 100 g) | 2 Eier | ¼ Packung TK-Basilikum | 1 TL Thymian, getrocknet | 3 TL Zitronensaft | 100 g Vollkornmehl | 1 EL Rapsöl | 100 ml fettarme Milch | Currypulver | Jodsalz | Pfeffer | ½ kleiner Chinakohl (ca. 100 g) | 1 EL heller Aceto Balsamico | 1 TL Walnussöl | 1 TL mittelscharfer Senf | 5 EL Apfelsaft | Außerdem: Fett für die Muffinform

1. Erbsen antauen lassen, bis alle Vorbereitungen abgeschlossen sind. Backofen auf 200 Grad vorheizen. Zucchini waschen, putzen und fein reiben.

2. Eier teilen, Eiweiß steif schlagen, Eigelb mit Basilikum, Thymian, Zitronensaft, Erbsen, Mehl, Öl und Milch zu den geriebenen Zuc-

Gesundes Kinder-Fast-Food
Diese Muffins schmecken auch Kindern, die ansonsten bei Gemüse eher die Nase rümpfen. Sie können die Muffins gut mit zur Schule nehmen – die ideale Alternative zum ungeliebten Pausenbrot.

chini geben, gut durchrühren. Mit Currypulver, Salz und Pfeffer kräftig würzen. Eischnee vorsichtig unterheben.

3. Teig in sechs große gefettete Muffinförmchen geben und im vorgeheizten Ofen bei 200 Grad ca. 15 Minuten backen.

4. Chinakohl waschen, putzen, abtropfen lassen und in kleine Stücke schneiden. Aus Essig, Öl, Senf und Apfelsaft eine Sauce rühren, mit Salz und Pfeffer würzen und über den Salat geben. Zu den Muffins servieren.

Spaghetti mit grüner Sauce

FÜR 2 PERSONEN
Zubereitungszeit: 20 Minuten

Jodsalz | 200 g TK-Brokkoliröschen | 30 g Parmesan | 50 g fettarmer Frischkäse | Pfeffer | Muskat | 200 g Spaghetti

1. 2 Liter Salzwasser für die Spaghetti aufkochen.

2. Brokkoliröschen 4 Minuten in wenig Wasser aufkochen.

3. Parmesan möglichst fein reiben.

4. Brokkoli mit wenig Brokkolisud, Parmesan und Frischkäse pürieren, mit Salz, Pfeffer und Muskat würzen. Bei Bedarf noch Brokkolisud oder Brühe zugeben.

5. Die Sauce bei geringer Hitze leicht einkochen lassen.

6. Spaghetti in Salzwasser nach Packungsangabe garen und mit der heißen Brokkolisauce servieren.

FRISCHE-VARIANTE: Wer keinen tiefgekühlten, sondern frischen Brokkoli verwendet, sollte ihn gründlich waschen und kurz abtropfen lassen. Die kleinen Röschen mit einem kleinen Gemüsemesser von den Stielen bzw. vom Strunk lösen und nur die Röschen in wenig Wasser weich garen. Danach die Brokkoliröschen mit Parmesan und Frischkäse wie im Rezept beschrieben pürieren. Der Brokkolistrunk kann für eine Brühe oder Suppe mit verwendet werden.

Spaghetti mit grüner Sauce schmecken am besten mit frisch geriebenem Parmesan.

Birnenknäcke

FÜR 2 PERSONEN
Zubereitungszeit: 5 Minuten

2 reife, weiche Birnen | Zitronensaft |
200 g Magerquark | 2 EL Mandelblättchen |
6 Scheiben Knäckebrot

1. Birnen schälen, halbieren, Kerngehäuse
herausschneiden, die Hälften mit einer Gabel
zerdrücken.

2. Sofort mit einem Spritzer Zitronensaft
und Quark verrühren.

3. Mandelblättchen in einer Pfanne ohne
Fett kurz rösten.

4. Den Birnenquark dick auf die Knäckebrote streichen und mit gerösteten Mandelblättchen bestreuen.

*Tomatensalat typisch italienisch – ideal zum
Mitnehmen.*

Hitze hilft dem Magen

Wer rohes Obst, vor allem Kernobst wie Äpfel oder Birnen, nicht
verträgt, kann es auch kurz erhitzen. Sie können zum Beispiel
beim Birnenknäcke einfach die
geschälten Birnen in Stücke
schneiden und mit den Mandelblättchen in die heiße Pfanne geben. Zusammenfallen lassen und
mit Quark verrühren.

Tomatensalat mit Zucchini und Mozzarella

FÜR 2 PERSONEN
Zubereitungszeit: 15 Minuten

1 kleine Zucchini (ca. 150 g) | 125 g Mozza-
rella | 2 EL heller Aceto Balsamico | 1 TL
getrockneter Thymian | 250 g Tomaten |
½ Packung TK-Basilikum | 1 EL Olivenöl |
Jodsalz | Pfeffer

1. Zucchini waschen, putzen und in kleine
Würfel schneiden.

2. Mozzarella ebenfalls in kleine Stücke
schneiden. Mit den Zucchiniwürfeln, Essig
und Thymian vermengen.

3. Tomaten waschen, vom Stielansatz befreien und in große Würfel schneiden. Mit tiefgekühltem Basilikum, Olivenöl, Tomaten-, Zucchini- und Mozzarellawürfeln vermengen. Mit Salz und Pfeffer würzen.

Minutensteak mit Zuckerschoten

FÜR 2 PERSONEN
Zubereitungszeit: 20 Minuten

Jodsalz | 3 TL mildes Ajvar | 100 g fettarmer Frischkäse | 100 ml Gemüsebrühe | 4 dünne Minutensteaks | 1 Zwiebel | 2 EL Olivenöl | 300 g TK-Zuckerschoten | 100 g Spaghetti | Pfeffer | Currypulver | ¼ Packung TK-Basilikum | 50 g Parmesan

1. Für die Spaghetti das Salzwasser zum Kochen bringen. Den Backofen auf 100 Grad vorheizen.

2. Ajvar mit Frischkäse und Brühe pürieren, Steaks darin kurz einlegen.

3. Zwiebel schälen und in kleine Würfel schneiden, in 1 EL heißem Öl dünsten. Tiefgekühlte Zuckerschoten zugeben und bei mittlerer Hitze unter Rühren 10 Minuten garen. Mit Salz und Pfeffer würzen. Bei Bedarf etwas Wasser zugeben.

4. Spaghetti ins kochende Salzwasser geben und nach Packungsangabe garen lassen.

5. In einer großen, beschichteten Pfanne 1 EL Öl erhitzen, Steaks aus der Marinade nehmen, auf Küchenpapier abtropfen lassen.

6. Steaks von beiden Seiten je 1 Minute im heißen Öl anbraten. Mit Salz und Pfeffer würzen. Kurz im vorgeheizten Ofen warm halten.

7. Die Marinade in die Pfanne geben, bei mittlerer Hitze einkochen. Mit Salz, Pfeffer und Currypulver würzen. Basilikum tiefgekühlt zu den Zuckerschoten geben, kurz mitgaren.

8. Parmesan reiben. Spaghetti abgießen.

9. Minutensteaks mit Spaghetti, Zuckerschoten, Ajvarsauce und geriebenem Parmesan servieren.

Minutensteak – durch die Marinade aromatisch und zart.

Melonen-Müsli lässt sich mit Früchten der Saison gut abwandeln.

Melonen-Müsli

FÜR 2 PERSONEN
Zubereitungszeit: 10 Minuten

> ### Melonen-Familie
> Neben den großen Wassermelo-nen und den gelben Honigmelo-nen gibt es noch eine Vielzahl an-dere Melonensorten. Besonders lecker schmecken die grünflei-schigen Galiamelonen mit ihrer netzartigen Schalenstruktur oder die Cantalupe-Melonen mit ihrem aromareichen, orangeroten Fruchtfleisch.

¾ Zuckermelone (z. B. Galiamelone) | 100 g Magerquark | 4 EL Orangensaft | 6 EL kernige Haferflocken | 20 g Walnüsse

1. Melone mit einem Esslöffel entkernen, Fruchtfleisch aus der Schale lösen und sehr klein schneiden.

2. Mit Quark, Orangensaft und Haferflocken verrühren. Mit Walnüssen servieren.

Räucherlachs-Reissalat

FÜR 2 PERSONEN
Zubereitungszeit: 5 Minuten
+ 20 Minuten zum Garen

Jodsalz | 100 g TK-Asia-Gemüse | 75 g Par-boiled-Reis | 1 TL Salatcreme | 50 g Mager-quark | ¼ TL Senf | ½ TL Zitronensaft | ¼ Pa-ckung TK-Basilikum | 100 g Räucherlachs

1. 300 ml Salzwasser mit Asia-Gemüse auf-kochen, Reis zugeben, Deckel schließen, Herdplatte ausschalten und Reis in 20 Minu-ten ausquellen lassen.

2. Salatcreme mit Quark, Senf und Zitronen-saft verrühren.

3. Basilikum noch tiefgekühlt unter die Sau-ce rühren und mit Salz und Pfeffer würzen.

4. Lachs in feine Streifen schneiden, mit ge-kochtem Reis und der Sauce vermengen. Kurz ziehen lassen.

3. Walnüsse fein hacken, ohne Fett in einer Pfanne kurz rösten. Petersilie tiefgekühlt zugeben und abkühlen lassen.

4. Die Suppe mit dem Frischkäse pürieren, bei Bedarf noch etwas Wasser zugeben, nochmals abschmecken. Mit der Walnuss-Petersilien-Mischung bestreuen.

TOMATEN-VARIANTE: Ebenso wie für dieses Rezept Möhrensaft verwendet wurde, lässt sich auch eine Tomatensuppe in Minutenschnelle aus Tomatensaft herstellen. Sehr gut schmeckt sie, wenn Sie diese Tomatensuppe mit Schinkenwürfeln zubereiten, die Sie mit dem Ingwer dünsten. Dazu statt mit Petersilie mit mediterranen Kräutern wie Thymian, Oregano oder Rosmarin würzen. Diese drei Kräuter schmecken auch getrocknet, müssen also nicht frisch eingekauft werden.

Salat-Variante mit Resten

Statt des Asia-Gemüses können Sie auch andere tiefgekühlte Gemüsemischungen oder beliebige klein geschnittene Gemüsereste je nach Festigkeit des Gemüses einige Minuten aufkochen und dann genau wie im Rezept beschrieben den Reis zugeben und quellen lassen.

Möhren-Kartoffel-Suppe

FÜR 2 PERSONEN
Zubereitungszeit: 10 Minuten
+ 15 Minuten zum Garen

200 g Kartoffeln | 20 g Ingwer | 1 EL Rapsöl | 500 ml Möhrensaft | 1 EL gekörnte Gemüsebrühe | Jodsalz | Pfeffer | Cayennepfeffer | 2 EL Walnusskerne | ½ Packung TK-Petersilie | 200 g fettarmer Frischkäse

1. Kartoffeln waschen, schälen und in sehr kleine Würfel schneiden. Ingwer schälen und ebenfalls in Würfel schneiden, in heißem Öl glasig dünsten.

2. Kartoffelwürfel kurz mitdünsten und mit Möhrensaft ablöschen. Etwa 15 Minuten bei mittlerer Hitze zugedeckt garen. Mit gekörnter Brühe, Salz, Pfeffer und Cayennepfeffer würzen.

Möhren-Kartoffel-Suppe dank Möhrensaft schnell gemacht.

Beerenstarker Morgendrink

FÜR 2 PERSONEN
Zubereitungszeit: 10 Minuten

250 g Beeren, frisch oder tiefgekühlt |
1–2 Päckchen Vanillezucker | 400 ml Apfel-
saft | 200 ml Buttermilch

1. Frische Beeren vorsichtig waschen, verle-
sen, von den Kelchblättern befreien. Tiefgekühlte Beeren je nach Zeitbudget antauen
lassen oder auch gefroren verarbeiten.

2. Die Beeren, Vanillezucker mit Apfelsaft und
Buttermilch in einem Mixer sehr fein pürieren. Eventuell durch ein grobes Sieb geben.

SATTMACHER-VARIANTE: Mixen Sie je
nach Hunger einen oder mehrere EL Schmelz-
flocken hinein. Sie lösen sich auf und machen
den Beerendrink zu einem Sattmacher.

Garnelen-Salat

FÜR 2 PERSONEN
Zubereitungszeit: 20 Minuten
+ Zeit zum Auftauen

150 g TK-Garnelen, geschält und entdarmt |
1 EL Olivenöl | 1 kleine Lauchstange |
1 reife Birne | 50 g fettarmer Frischkäse |
½ Packung TK-Petersilie | 1 TL Walnussöl |
1 TL Zitronensaft | Jodsalz | Pfeffer

*Garnelen-Salat gelingt auch mit kleinen Krabben
bzw. Nordseegarnelen.*

1. Tiefgekühlte Garnelen auftauen lassen,
auf Küchenpapier oder in einem großen Sieb
gut abtropfen lassen. Garnelen in heißem Öl
kurz unter ständigem Wenden braten. Leicht
abkühlen lassen.

2. Die Lauchstange längs einschneiden,
gründlich unter fließend kaltem Wasser
waschen, dunkelgrüne Enden und den Wur-
zelansatz entfernen, und die Lauchstange in
sehr feine Ringe schneiden.

3. Birne schälen, vom Kerngehäuse befrei-
en, reiben und mit Frischkäse, tiefgekühlter
Petersilie, Öl und Zitronensaft gut zu einer
Sauce verrühren.

4. Sauce mit Petersilie, Lauch und Garnelen
vermengen und nach Geschmack mit Salz
und Pfeffer würzen.

Hähnchenpfanne

FÜR 2 PERSONEN
Zubereitungszeit: 15 Minuten
+ 15 Minuten zum Garen

300 g Kartoffeln | Jodsalz | 2 Zwiebeln |
1 Knoblauchzehe | 250 g Tomaten | 1 Papri-
kaschote | 100 g Champignons | 1 Hähnchen-
brust (ca. 300 g) | 1 EL Rapsöl | je ½ TL Thy-
mian und Rosmarin, getrocknet | Pfeffer |
¼ Packung TK-Petersilie

*Hähnchenpfanne schmeckt dank zahlreicher
Kräuter auch kalt sehr gut*

1. Kartoffeln schälen und 20 Minuten in wenig Salzwasser garen.

2. Zwiebeln und Knoblauch schälen und
klein hacken. Tomaten waschen und in Würfel
schneiden.

3. Paprika halbieren, waschen, dabei von
Kernen und weißen Innenhäuten befreien.
Paprika in Würfel schneiden.

4. Champignons putzen und in Scheiben
schneiden.

Achtung Salmonellen

Weil Geflügel Salmonellen enthält, die sich schnell vermehren
und dann zu ernsthaften Darm-
problemen führen, sollte es immer auf einem getrennten Brett
und mit einem Extramesser klein
geschnitten werden, Brett und
Messer danach nicht für andere
Lebensmittel weiterverwenden,
sondern sofort sehr heiß abwaschen. Ebenso das gründliche
Händewaschen nicht vergessen.

---

5. Hähnchenbrust in große Würfel schneiden und in heißem Öl von allen Seiten anbraten. Zwiebeln und Knoblauch kurz mitbraten,
Paprikawürfel zugeben und zugedeckt bei
mittlerer Hitze 5 Minuten garen.

6. Tomaten und Pilze zugeben und weitere
5 Minuten garen. Bei Bedarf noch etwas Wasser zugeben.

7. Vor dem Servieren mit Oregano, Salz und
Pfeffer würzen und die tiefgekühlte Petersilie
zugeben. Dazu die Kartoffeln reichen.

Tomatenbrot schmeckt besonders gut mit den aromatischen Cocktailtomaten.

Tomaten-Frischkäse-Brot

FÜR 2 PERSONEN
Zubereitungszeit: 5 Minuten

8 Cocktailtomaten | 200 g fettarmer Frisch-käse | 1 EL Walnussöl | Jodsalz | Pfeffer | mildes Currypulver | 2 Scheiben Vollkornbrot (oder 6 Scheiben Knäckebrot)

1. Cocktailtomaten waschen, in kleine Stücke schneiden.

2. Mit Frischkäse und Walnussöl verrühren, mit Salz, Pfeffer und Curry würzen.

3. Auf die Brotscheiben streichen.

Kohlrabisalat mit Weintrauben und Walnüssen

FÜR 2 PERSONEN
Zubereitungszeit: 15 Minuten

300 g Kohlrabi | 2 EL heller Balsamico-Essig | 3 EL Walnüsse | 150 g kernlose Weintrauben | 1 EL süßer Senf | 1 EL Walnussöl | 4 EL flüssige Gemüsebrühe | Jodsalz | Pfeffer

1. Kohlrabi schälen, grob reiben und mit Balsamico-Essig vermengen.

2. Walnüsse grob hacken und in einer beschichteten Pfanne ohne Fett leicht bräunen.

3. Trauben waschen und halbieren.

4. Senf mit Walnussöl und Brühe verrühren, mit den Trauben unter die geriebenen Kohlrabi mengen, mit Salz und Pfeffer würzen und mit Walnüssen bestreuen.

EXPRESS-TIPP

Auf Vorrat rösten
Wer häufiger geröstete Walnüsse, Haferflocken, Sesamsamen oder Kokosraspeln verwendet, röstet gleich mehrere Packungen und hebt sie in einem gut verschließbaren, großen Glas als Vorrat auf.

3. Tiefgekühltes Asia-Gemüse in wenig Wasser dünsten, mit Salz, Pfeffer und restlichem Thymian würzen.

4. In zwei Pfannen aus dem Pfannkuchenteig in wenig Öl vier dünne Pfannkuchen ausbacken. (Nehmen Sie nur eine Pfanne, dauert die Zubereitung wenige Minuten länger.)

5. Das gegarte Gemüse auf je eine Hälfte der vier Pfannkuchen verteilen, Pfannkuchen umklappen und mit dem Tomaten-Thymian-Quark servieren.

VARIANTE: Zur Resteverwertung kann statt des Tiefkühlgemüses gekochtes Gemüse aufgewärmt in den Pfannkuchen eingeschlagen werden. Rohes Gemüse zuvor klein schneiden und kurz in einer Pfanne knackig garen.

Kräuter: besser getrocknet oder frisch verwenden?

Kräuter wie Thymian, Rosmarin, Estragon, Oregano oder Majoran haben auch getrocknet noch reichlich Aroma. Hingegen kommen Petersilie, Schnittlauch, Dill oder Basilikum als Trockenvorrat nicht an den Geschmack ihrer frischen Alternative heran. Wer hier einen Vorrat braucht, greift besser zu Tiefkühlkräutern oder verwendet Kräuter, die in Öl eingelegt wurden.

Gemüse-Pfannkuchen

FÜR 2 PERSONEN
Zubereitungszeit: 20 Minuten

150 g Vollkornmehl | 1 Ei | 300 ml fettarme Milch | Jodsalz | Pfeffer | 3 TL Thymian, getrocknet | 200 g Magerquark | 2 EL Tomatenmark | 200 g TK-Asia-Gemüse | 1 EL Rapsöl

1. Mehl mit Ei und Milch zu einem Pfannkuchenteig verrühren, mit Salz, Pfeffer und 1 TL getrocknetem Thymian würzen und stehen lassen, bis die nächsten Arbeitsschritte erledigt sind.

2. Quark mit Tomatenmark und 1 TL Thymian verrühren, mit Salz und Pfeffer würzen.

Gemüsepfannkuchen voller Vitalstoffe, weil knackig und bunt gefüllt.

Kiwi-Müsli für den fruchtigen und schnellen Start in den Morgen.

Kiwi-Müsli

FÜR 2 PERSONEN
Zubereitungszeit: 15 Minuten

2 Kiwis | 8 EL Orangensaft | 8 EL kernige Haferflocken | 20 g Mandelblättchen | 2 Orangen

Müsli für empfindliche Mägen
Damit die Haferflocken besser verdaut werden und sensible Mägen nicht belasten, können sie kurz gegart werden. Dazu bei diesem Rezept die Getreideflocken für eine Minute im Orangensaft garen.

1. Kiwis schälen und in Würfel schneiden.

2. Mit Orangensaft, Haferflocken und Mandelblättchen verrühren.

3. Orangen wie eine Kiwi schälen, sodass die gesamte weiße Innenhaut entfernt wird, weil sie bitter schmecken. Orangen in kleine Stücke schneiden und über das Kiwi-Müsli geben und untermischen.

Blitznudeln mit Schinken-Tomatensauce

FÜR 2 PERSONEN
Zubereitungszeit: 20 Minuten

Jodsalz | 1 kleine Zwiebel | 200 g Lachsschinken | 1 EL Olivenöl | 300 g Dosentomaten | Pfeffer | 200 g Spaghetti | ½ Packung TK-Basilikum

1. Einen großen Topf Salzwasser zum Kochen der Nudeln aufsetzen.

2. Zwiebel schälen, fein hacken.

3. Schinken klein schneiden und in heißem Olivenöl dünsten.

4. Zwiebel zugeben und weitere 2 Minuten unter Rühren bei mittlerer Hitze dünsten. Dosentomaten mit der gesamten Flüssigkeit zu den Zwiebeln geben. 5 Minuten bei mittlerer Hitze dünsten, dabei die Tomaten in kleine Stücke zerdrücken.

5. Sauce mit Salz und Pfeffer würzen und bei geringer Hitze 8 Minuten leicht einkochen lassen.

6. Nudeln in das kochende Salzwasser geben und nach Packungsanweisung garen.

7. Basilikum tiefgekühlt zur Sauce geben.

8. Nudeln abgießen, mit der Schinken-Tomatensauce servieren.

Paprika-Curry mit Rindfleisch

FÜR 2 PERSONEN
Zubereitungszeit: 20 Minuten

Jodsalz | 75 g Parboiled-Reis | 1 dicke Scheibe Rinderroulade (ca. 150 g) | 1 große rote Paprikaschote | 1 EL Olivenöl | 200 ml Kokosmilch | Kurkuma | Nelkenpulver | Kreuzkümmel | Cayennepfeffer | ½ Ananas | ¼ Packung TK-Basilikum | 1 EL Walnüsse

1. 200 ml Salzwasser zum Kochen bringen. Den Parboiled-Reis zugeben, Deckel schließen, Herdplatte ausschalten und Reis ausquellen lassen.

2. Rindfleischscheibe in mundgerechte Würfel schneiden.

3. Paprika halbieren, waschen, dabei von Kernen und Innenhäuten befreien, Paprika in kleine Würfel schneiden.

4. Fleischwürfel in wenig Öl unter Wenden anbraten.

5. Kokosmilch zugeben, mit wenig Salz und je einer Prise Kurkuma, Nelkenpulver, Kreuzkümmel und Cayennepfeffer würzen.

6. Paprikastücke zugeben und alles 10 Minuten dünsten.

7. Inzwischen die Ananashälfte längs halbieren, den harten inneren Strunk und Schale abschneiden. Ananas-Fruchtfleisch in nicht zu große Würfel schneiden und 3 Minuten mitkochen.

8. Tiefgekühltes Basilikum zugeben. Walnüsse grob hacken, eventuell kurz anrösten. Das Paprika-Curry damit bestreuen. Dazu den Reis servieren.

Paprika-Curry liefert reichlich Eisen für ein gut funktionierendes Immunsystem.

Superschnell-Müsli

FÜR 2 PERSONEN
Zubereitungszeit: 5 Minuten

2 EL Walnüsse | 8 EL kernige Haferflocken |
2 EL Rosinen | 100 ml Apfelsaft | 150 g fett-
armer Joghurt

1. Nüsse grob hacken, mit Haferflocken,
Rosinen, Saft und Joghurt verrühren.

ROSINEN-AUSTAUSCH-VARIANTE:

Wer keine Rosinen mag, lässt sie einfach
weg und ersetzt für die Süße den Apfelsaft
durch hellen Traubensaft oder gibt halbierte
kernlose Weintrauben ins Müsli.

Tipp für Stress-Frühstücker

Die Mischung aus grob gehackten
Walnüssen, kernigen
Haferflo¬cken und Rosinen lässt
sich in größeren Mengen vorbereiten und in einem gut verschließbaren Glas oder einer
Plastikbox aufbewahren. Davon
einige Esslöffel in eine Schüssel
geben und mit Joghurt, Milch,
Quark oder Dickmilch sowie Saft
vermengen. Das spart morgens
Zeit und eignet sich mit einem
kleinen Becher Naturjoghurt sogar als zweites Frühstück zum
Mitnehmen.

*Bunter Salat lässt sich dank des knackigen
Romanasalates gut mit zur Arbeit nehmen.*

Bunter Salat

FÜR 2 PERSONEN
Zubereitungszeit: 15 Minuten

150 g TK-Erbsen | Jodsalz | 1 Prise Zucker |
1 Romanasalat-Herz | 100 g Räucherlachs
in Scheiben | 2 kleine Tomaten (ca. 100 g) |
$\frac{1}{3}$ Salatgurke | 1 Biozitrone | 1 EL Walnussöl |
3 EL flüssige Gemüsebrühe | 1 EL mittel-
scharfer Senf | Pfeffer

1. Erbsen ca. 6 Minuten garen, mit wenig
Salz und Zucker würzen.

2. Salat putzen und waschen, in Streifen
schneiden und mit den Räucherlachsscheiben auf zwei Teller legen. Tomaten waschen,
vom Stielansatz befreien und in schmale

| **EXPRESS-TIPP** |

Salat für unterwegs
Geben Sie für unterwegs die Erbsen unaufgetaut hinzu. Das hält alle Zutaten frisch. Das Dressing immer getrennt in einem fest verschließbaren Gefäß mit zur Arbeit nehmen.

1. Kartoffeln schälen und in wenig Salzwasser etwa 20 Minuten garen.

2. Paprika oder Gemüsereste waschen, putzen und klein schneiden.

3. Das geschnittene Gemüse in etwa 300 ml Wasser mit Brokkoli und den abgetropften Bohnen mit der Brühe und den Lorbeerblättern bei hoher Hitze 10 Minuten offen zu einem Eintopf leicht einkochen lassen.

4. Lorbeerblätter herausnehmen. Zum Schluss den Eintopf mit Currypulver, Salz und Pfeffer würzen.

5. Die gegarten Kartoffeln je nach Größe halbieren oder vierteln und zum Eintopf geben. Parmesan grob reiben und den Eintopf damit bestreuen.

Spalten schneiden. Gurke waschen und in Scheiben schneiden. Mit den Tomatenspalten und den Erbsen auf den Romanasalat geben.

3. Zitronenschale zur Hälfte sehr fein abreiben. Zitrone auspressen. Den Saft mit Schale, Walnussöl, Brühe und Senf kräftig verrühren, mit Salz und Pfeffer würzen, über den Salat geben, leicht vermischen und durchziehen lassen.

Blitz-Eintopf

FÜR 2 PERSONEN
Zubereitungszeit: 20 Minuten

300 g Kartoffeln | Jodsalz | 1 große rote Paprikaschote oder 200 g Gemüsereste | 200 g TK-Brokkoli | 300 g weiße Bohnen (Dose) | 1 TL gekörnte Gemüsebrühe | 2 Lorbeerblätter | Currypulver | Pfeffer | 50 g Parmesan

Blitz-Eintopf mit knackig gegartem Gemüse, Kartoffeln und Parmesan.

Kiwi-Schinken-Knäcke bei großem Appetit mit Vollkornbrot zubereiten.

Kiwi-Schinken-Knäcke

FÜR 2 PERSONEN
Zubereitungszeit: 5 Minuten

6 Scheiben Knäckebrot (oder 2 Scheiben Vollkornbrot) | 100 g Magerquark | 100 g Lachsschinken | 4 Kiwis | Pfeffer

1. Knäckebrote dünn mit Quark bestreichen, mit Schinken belegen.

2. Kiwis schälen, in Scheiben schneiden, auf den Schinken legen. Mit etwas Pfeffer würzen.

HUNGER-VARIANTE: Bei großem Frühstückshunger in kleine Würfel geschnittenen Lachsschinken unter den Quark rühren und auf Vollkornbrot streichen.

Avocado-Salat

FÜR 2 PERSONEN
Zubereitungszeit: 20 Minuten

150 g Mais (Dose) | ½ Packung TK-Petersilie | 1 kleine Zwiebel | 1 Tomate (ca. 100 g) | ⅓ Salatgurke | 1 Bio-Zitrone | 1 Avocado | Jodsalz | Pfeffer

1. Mais abtropfen lassen. Petersilie tiefgekühlt zum Mais geben.

2. Zwiebel schälen und fein hacken. Tomate waschen, vom Stielansatz befreien und in Spalten schneiden. Gurke in Würfel schneiden.

3. Zitrone heiß abwaschen, und die Schale sehr fein abreiben. Abgeriebene Zitrone auspressen.

4. Avocado halbieren, vom Stein befreien,

EXPRESS-TIPP

Schnelle Zitrusfrische
Statt die Zitrone selbst auszupressen, können Sie auch Zitronensaft aus dem Glas verwenden. Sogar Zitronenschale finden Sie fertig gerieben im Backregal Ihres Supermarktes. Spart Zeit, hat allerdings nicht das volle Aroma.

und das Fruchtfleisch aus der Schale lösen. Fruchtfleisch mit einer Gabel zerdrücken, mit Zitronensaft, -schale und Gurkenwürfeln verrühren. Mit Salz und Pfeffer würzen. Mit Mais, Petersilie, Zwiebeln sowie Tomaten vermengen und kurz ziehen lassen.

Lachsragout mit Brokkoli

FÜR 2 PERSONEN
Zubereitungszeit: 20 Minuten
+ Zeit zum Auftauen
+ 5 Minuten zum Garen

300 g Kartoffeln | Jodsalz | 400 g TK-Lachsfilet | 1 kleine rote Zwiebel | 1 EL Rapsöl | 200 g TK-Brokkoliröschen | 400 ml Gemüsebrühe | Pfeffer | Muskat | 1 kleine Zitrone | 100 g fettarmer Frischkäse | ½ Packung TK-Dill

1. Kartoffeln schälen und in wenig Salzwasser 20 Minuten garen. Tiefgekühltes Lachsfilet antauen lassen.

2. Zwiebel schälen, fein hacken und in heißem Öl dünsten. Tiefgekühlte Brokkoliröschen zugeben.

3. Gedünstetes Gemüse mit Gemüsebrühe ablöschen und 5 Minuten bei hoher Hitze im offenen Topf garen, gelegentlich umrühren und bei Bedarf Wasser zugeben. Mit Salz, Pfeffer und Muskat würzen.

4. Zitrone auspressen, Saft mit Frischkäse verrühren. Mit Salz und Pfeffer würzen.

Lachsragout mit Brokkoli gelingt auch mit Tiefkühl-Erbsen.

5. Lachsfilet in mundgerechte Würfel schneiden, mit dem Zitronen-Frischkäse vermengen und alles unter das Brokkoligemüse mengen.

6. Etwa 5 Minuten abgedeckt garen. Dill kurz vor dem Servieren tiefgekühlt zum Ragout geben. Mit den Kartoffeln servieren.

EXPRESS-TIPP

Auftau-Zeit einsparen
Keine Zeit zum Auftauen des Fisches? Dann einfach tiefgekühlt mit zum Brokkoli-Gemüse geben, zwischendrin kurz herausnehmen und den Fisch in Würfel schneiden.

Toastbrot mit Walnusscreme

FÜR 2 PERSONEN
Zubereitungszeit: 10 Minuten

4 Toastbrotscheiben | 1 Banane | 2 EL Panier-
mehl | 1 EL Walnusskerne | 1 TL Kakao |
1 TL Walnussöl | 1 Päckchen Vanillezucker |
¼ TL Zimtpulver

1. Brotscheiben goldgelb toasten.

2. Banane schälen und klein schneiden.

3. Mit Paniermehl, Walnusskernen, Kakao,
Walnussöl, Vanillezucker und Zimt mit einem
Pürierstab oder Mixer sehr fein zu einer
Creme pürieren, bei Bedarf noch wenig Was-
ser zugeben. Die Walnusscreme auf vier
Toastbrotscheiben streichen.

Selbst gemachte Nusscreme ist gesünder

Weil die Nusscreme aus Walnüssen besteht, besitzt sie mehr wertvolle Omega-3-Fettsäuren als die
herkömmlichen Nuss-Nougat-
Cremes, die meist aus Haselnüs-
sen hergestellt werden. Auch sind
der Zucker- und Fettgehalt dieser
selbst gemachten Nusscreme
deutlich geringer. Die Creme hält
sich gekühlt etwa eine Woche.

*Möhren-Zucchini-Rohkost mit Kichererbsen:
besonders mineralstoffreich.*

Möhren-Zucchini-Rohkost mit Kichererbsen

FÜR 2 PERSONEN
Zubereitungszeit: 15 Minuten

1 Dose Kichererbsen (240 g) | 2 kleine Möh-
ren | ½ kleine Zucchini | ½ Packung TK-Dill |
½ Packung TK-Schnittlauch | 2 EL Salat-
creme | 2 EL Zitronensaft | Pfeffer | Jodsalz |
½ Kästchen Kresse

1. Kichererbsen kurz in wenig Wasser aufkochen. Möhren schälen, Zucchini waschen und
putzen, mit den Möhren grob reiben.

2. Kichererbsen abtropfen lassen, mit tiefgekühlten Kräutern, Salatcreme und Zitronensaft unter das geriebene Gemüse rühren.

3. Mit Salz und Pfeffer würzen. Kresseblättchen abschneiden und über den Salat streuen.

Gefüllte Aubergine

FÜR 2 PERSONEN
Zubereitungszeit: 20 Minuten
+ 20 Minuten zum Backen

1 Aubergine | 1 kleine Möhre | 1 Zwiebel | 1 Knoblauchzehe | 1 EL Rapsöl | 100 ml Gemüsebrühe | 100 g Champignons | 50 g Magerquark | 2 EL mildes Ajvar | Jodsalz | Pfeffer | ½ TL Rosmarin, getrocknet | 2 TL Paniermehl | 75 g Parboiled-Reis | 400 ml Gemüsebrühe

1. Backofen auf 200 Grad vorheizen. Aubergine waschen, längs halbieren und mit einem spitzen Esslöffel gleichmäßig so aushöhlen, dass ein möglichst schmaler Rand stehen bleibt. Herausgelöstes Auberginenfleisch fein hacken. Möhre schälen und in sehr kleine Würfel schneiden.

2. Zwiebel und Knoblauch schälen, fein hacken und in heißem Öl kurz dünsten. Möhrenwürfel und Auberginenfleisch zugeben, 5 Minuten dünsten, bei Bedarf etwas Gemüsebrühe zugeben.

3. Champignons mit Küchenpapier abreiben oder mit einem Pinsel säubern und in Scheiben schneiden. Quark mit Champignons und Ajvar unter das gedünstete Gemüse geben, mit Salz, Pfeffer und Rosmarin kräftig würzen.

4. Bei Bedarf etwas Paniermehl zugeben, und die Masse auf die Auberginenhälften verteilen. In eine Auflaufform setzen.

5. Reis in die Brühe geben und mit der Brühe in die Form gießen, sodass die Auberginenhälften in der Brühe stehen.

6. Auberginenhälften 20 Minuten im vorgeheizten Ofen backen. Auberginenhälften herausnehmen.

7. Den gegarten Reis abtropfen lassen und mit den Auberginenhälften servieren.

PARBOILED-REIS ist wertvoller als weißer geschälter Reis, weil durch ein spezielles Druckverfahren wichtige Nährstoffe ins Innere des Reiskorns gepresst werden, sodass sie beim Schälen erhalten bleiben.

Gefüllte Auberginen brauchen viel Aroma durch Kräuter und Gewürze.

Morgenmuffel-Drink für mehr Energie in aller Frühe.

Morgenmuffel-Drink

FÜR 2 PERSONEN
Zubereitungszeit: 5 Minuten

½ Cantalupe-Melone | 250 g fettarmer Joghurt | 1 Päckchen Vanillezucker

1. Melonenhälfte von Kernen befreien, schälen, klein schneiden und mit Joghurt und Vanillezucker pürieren.

MÜSLI-VARIANTE: Mit 4 EL kernigen Haferflocken wird aus dem Drink ein sättigendes Müsli, das länger fit hält. Am besten gleich die doppelte Menge des Morgenmuffel-Drinks zubereiten, eine Hälfte mit zur Arbeit nehmen und dort vor dem Essen mit Haferflocken vermengen.

Mozzarella-Birnen-Salat

FÜR 2 PERSONEN
Zubereitungszeit: 15 Minuten

150 g Maiskörner (Dose) | 1 TL süßer Senf | 3 EL heller Aceto Balsamico | 1 EL Walnussöl | 1 EL Apfelsaft | ¼ Packung TK-Schnittlauch | Jodsalz | Pfeffer | 1 Zwiebel | 100 g Lachsschinken | 125 g Mozzarella | 1 kleine Birne | 50 g Cocktailtomaten

1. Mais abtropfen lassen, Senf, Essig, Öl, Saft und tiefgekühlten Schnittlauch verrühren, mit Salz und Pfeffer würzen.

2. Zwiebel schälen und fein hacken. Schinken in schmale Streifen schneiden. Mozzarella in kleine Würfel schneiden.

Klein im Format – groß im Geschmack

Cocktailtomaten schmecken – besonders im Winter – oft aromatischer als große Strauchtomaten. Sie eignen sich auch hervorragend als kleiner Muntermacher-Snack für zwischendurch: Sie lassen sich gut in einer kleinen, fest verschließbaren Plastikbox verpacken, haben kaum Kalorien, kein Fett, viel Vitamin C und beleben den Gaumen mit knackiger Frische.

3. Birne waschen, halbieren, entkernen und ebenfalls in kleine Würfel schneiden.

4. Tomaten waschen, Stielansatz herausschneiden und Tomaten vierteln. Mit den übrigen Zutaten zum Salat mischen.

Schnell gebratene Schupfnudeln mediterran

FÜR 2 PERSONEN
Zubereitungszeit: 20 Minuten

400 g Tomaten | 1 Knoblauchzehe | 1 EL Olivenöl | 400 g Schupfnudeln (Kühlregal) | 1 Packung TK-Basilikum | 1 TL Thymian, getrocknet | 50 g Parmesan | Jodsalz | Pfeffer | ½ TL mildes Currypulver

Schupfnudeln aus dem Kühlregal – mit Tomaten minutenschnell zubereitet.

EXPRESS-TIPP

Einmal gekocht, zweimal anders serviert
Von den schnell gebratenen Schupfnudeln mediterran können Sie gleich eine doppelte Menge zubereiten, um die zweite Hälfte bei Gelegenheit für ein zweites Gericht zu verwenden. Dafür den im Kühlschrank oder Tiefkühlfach aufbewahrten Schupfnudel-Rest mit einer Mischung aus 200 g Magerquark, 2 Eiern und 1 EL getrocknetem Thymian vermengen, in eine Auflaufform geben und bei 180 Grad 30 Minuten garen.

1. Tomaten waschen, vom Stielansatz befreien und je nach Größe sechsteln oder achteln.

2. Knoblauch schälen und fein hacken, in heißem Olivenöl glasig dünsten. Die Schupfnudeln darin unter Rühren 5 Minuten goldbraun braten.

3. Tomaten, tiefgekühltes Basilikum und Thymian zugeben. Bei geringer Hitze weitere 3 Minuten dünsten. Parmesan grob reiben.

4. Schupfnudel-Tomaten-Mischung mit Salz, Pfeffer und Currypulver würzen, mit geriebenem Parmesan servieren.

Pikantes Tomaten-Brot

FÜR 2 PERSONEN
Zubereitungszeit: 10 Minuten

4 Scheiben Toastbrot | 100 g Cocktailtomaten | 2 EL mildes Ajvar | 50 g Magerquark | Jodsalz | Pfeffer

1. Brotscheiben goldgelb toasten.

2. Tomaten waschen, Stielansatz herausschneiden und Tomaten achteln, mit Ajvar und Quark verrühren, mit Salz und Pfeffer kräftig würzen und gleichmäßig auf die Toastbrotscheiben streichen.

Romanasalat mit Garnelen und Gurken – ein schneller Frischegenuss.

Vollkorn für mehr Power und weniger Pfunde

Beim Toastbrot – und auch bei anderen Brotsorten – schlägt die Vollkornqualität das Weißmehlprodukt um Längen. Dreimal mehr Eisen, Magnesium und B-Vitamine sowie weit mehr als das Doppelte an Ballaststoffen steigern Wohlbefinden und Energie. Außerdem sorgt Vollkorn für mehr Sättigung, weil es im Magen aufquillt und damit dem Körper mehr Masse vorgaukelt. Ideal für alle, die abnehmen wollen, ohne zu hungern.

Romanasalat mit Garnelen und Gurken

FÜR 2 PERSONEN
Zubereitungszeit: 15 Minuten

1 kleine Zwiebel | 100 ml Apfelsaft | 250 g mittelgroße TK-Garnelen, geschält und vom Darm befreit | 5 EL flüssige Gemüsebrühe | 1 EL Walnussöl | 1 EL Zitronensaft | 1 Romanasalat-Herz | 1/3 Salatgurke | Jodsalz | Pfeffer | ¼ Packung TK-Schnittlauch

1. Zwiebel schälen und fein hacken. Im heißen Apfelsaft glasig dünsten, tiefgekühlte Garnelen unaufgetaut zu den gedünsteten Zwiebeln geben und bei mittlerer Hitze etwa 8 Minuten mitgaren, dabei die Garnelen mehrfach wenden.

2. Brühe, Öl und Zitronensaft zu den Garnelen geben und abkühlen lassen.

3. Inzwischen den Romanasalat putzen, klein schneiden. Gurke schälen und in kleine Streifen schneiden.

4. Mit Zwiebeln, Garnelen und tiefgekühltem Schnittlauch zum Salat geben und mit Salz und Pfeffer würzen.

Paprikagulasch

FÜR 2 PERSONEN
Zubereitungszeit: 20 Minuten

Jodsalz | 100 g Parboiled-Reis | 1 kleine Zwiebel | 1 Paprikaschote | 200 g Schweinefilet | 1 TL Rapsöl | ½ kleine Zucchini | 150 g Champignons | 100 g fettarmer Frischkäse | 1 EL mildes Ajvar | 200 ml Gemüsebrühe | Pfeffer | Cayennepfeffer | ½ Packung TK-Petersilie

1. 250 ml Salzwasser zum Kochen bringen. Reis zugeben, Deckel schließen, Herdplatte ausschalten, und den Reis auf der heißen Herdplatte vollständig ausquellen lassen.

2. Inzwischen Zwiebel schälen und fein hacken. Paprika halbieren, waschen, dabei von Kernen und weißen Zwischenwänden befreien. Paprika in Würfel schneiden.

3. Fleisch ebenfalls in Würfel schneiden und mit den Zwiebeln im heißen Öl anbraten.

4. Paprika zum Fleisch geben und bei geringer Hitze 5 Minuten garen.

5. Zucchini putzen und in Würfel schneiden.

6. Champignons mit einem Küchentuch abreiben und in feine Scheiben schneiden. Mit den Zucchiniwürfeln zum Gulasch geben, und weitere 10 Minuten bei geringer Hitze ziehen lassen.

7. Frischkäse und Ajvar unterrühren, mit Brühe ablöschen.

8. Mit Salz, Pfeffer und wenig Cayennepfeffer würzen.

9. Petersilie tiefgekühlt zum Paprikagulasch geben, gut untermischen und mit dem gegarten Reis servieren.

Paprikagulasch wegen der Vitamine am besten mit roten oder gelben Paprikaschoten.

Obstsalat – will man ihn mitnehmen, mehr Saft zugeben, damit das Obst nicht braun wird.

Obstsalat

FÜR 2 PERSONEN
Zubereitungszeit: 15 Minuten

1 große Banane | 100 ml Orangensaft | 1 großer süßer Apfel | 1 große Birne | 2 EL Rosinen | 40 g Mandelblättchen | 1 TL Zimtpulver

1. Banane schälen und in dünne Scheiben schneiden, mit Orangensaft vermengen.

2. Apfel und Birne halbieren, vom Kerngehäuse befreien und in dünne Stifte oder Spalten schneiden.

3. Apfel und Birne mit Rosinen und Mandelblättchen unter die Bananenscheiben geben, mit Zimt würzen.

Nudelsalat mit Fetakäse

FÜR 2 PERSONEN
Zubereitungszeit: 20 Minuten

400 g Tomaten | 300 g Vollkornnudeln (Penne oder andere kurze Formen) | 50 g schwarze eingelegte, entsteinte Oliven | ½ Packung TK-Basilikum | 1 EL Zitronensaft | 2 EL Olivenöl | Jodsalz | Pfeffer | 150 g Fetakäse

1. Tomaten kreuzförmig einschneiden, in kochendem Wasser ca. 30 Sek. blanchieren, herausnehmen. Nudeln nach Packungsanweisung im Blanchierwasser garen.

2. Von den blanchierten Tomaten die Haut abziehen, den grünen Stielansatz herausschneiden, und die Tomaten in Würfel schneiden. Oliven abtropfen lassen und halbieren. Mit Basilikum und Tomaten mischen.

3. Zitronensaft, Olivenöl, etwas Salz und Pfeffer verrühren, Fetakäse in kleine Würfel schneiden.

Olivenfrage: Schwarz oder grün?
Unreife grüne Oliven erreichen in aller Regel nicht das Aroma der dunklen, ausgereiften Oliven. Achten Sie beim Einkauf darauf, dass es sich nicht um eingefärbte Oliven handelt. Den Hinweis darauf finden Sie in der Zutatenliste.

4. Fertig gegarte Nudeln mit kaltem Wasser abschrecken, kurz abkühlen lassen und mit den übrigen Zutaten vorsichtig vermengen.

Brokkoligemüse mit Champignons

FÜR 2 PERSONEN
Zubereitungszeit: 20 Minuten

1 Zwiebel | 1 Paprikaschote | 300 g Tomaten | 1 EL Olivenöl | 300 g TK-Brokkoli | 1 EL heller Aceto Balsamico | 250 g TK-Erbsen | 150 g Champignons | ½ Packung TK-Basilikum | Pfeffer | Jodsalz

1. Zwiebel schälen, fein schneiden. Paprika halbieren, waschen, dabei von Kernen und

Brokkoli-Gemüse – supergesund dank vieler bunter Gemüsesorten.

Zwiebelschneiden ohne Tränen
Wollen Sie sich den lästigen Tränen-Reiz beim Schälen und Schneiden ersparen, dann legen Sie die Zwiebeln zuvor für etwa eine Stunde in den Kühlschrank. Je kälter sie sind, desto langsamer wirken ihre Enzyme, die beim Schneiden frei werden. Diese Enzyme erzeugen aggressive Schwefelsubstanzen, die uns die Tränen in die Augen treiben.

weißen Innenhäuten befreien, in dünne Streifen schneiden. Tomaten waschen, von Stielansätzen befreien und in mundgerechte Würfel schneiden.

2. Zwiebel in heißem Öl dünsten, tiefgekühlten Brokkoli und klein geschnittenes Gemüse zufügen, 5 Minuten dünsten.

3. Aceto Balsamico und Erbsen zugeben und weitere 5 Minuten bei geringer Hitze dünsten, bei Bedarf noch Wasser zugeben.

4. Pilze mit Küchenpapier abreiben oder mit einem Küchenpinsel säubern. Pilze putzen und in Scheiben schneiden.

5. Tiefgekühltes Basilikum mit den Pilzen zum Ende der Garzeit mit etwas Wasser zugeben. Mit Pfeffer und Salz würzen.

Möhren-Müsli

FÜR 2 PERSONEN
Zubereitungszeit: 10 Minuten

2 große Möhren | 1 großer Apfel | 300 g fett-
armer Joghurt | 8 EL kernige Haferflocken |
4 EL Apfelsaft | ½ Kästchen Kresse

1. Möhren und Apfel schälen, Apfel vom Kerngehäuse befreien, mit der Möhre fein reiben.

2. Mit Joghurt und Haferflocken verrühren.

3. Mit Apfelsaft abschmecken. Kresseblättchen abschneiden und übers Müsli streuen.

Fruchtiger Sellerie-Reissalat

FÜR 2 PERSONEN
Zubereitungszeit: 15 Minuten

75 g Parboiled-Reis | Jodsalz | ¼ Sellerie-
knolle (ca. 300 g) | 1 Birne | 1 TL Zitronensaft |
100 g fettarmer Joghurt | Jodsalz | Pfeffer |
30 g Walnüsse | 1 Packung TK-Petersilie

1. Reis in 200 ml kochendes Wasser geben
und bei geringer Hitze im geschlossenen Topf
15 Minuten quellen lassen.

2. Inzwischen Knollensellerie schälen und
grob reiben, Birne waschen, vom Kerngehäuse befreien und in kleine Würfel schneiden.

*Sellerie-Reissalat schmeckt auch mit Stangen-
sellerie statt der Sellerieknolle.*

3. Mit Zitronensaft, Joghurt und dem geriebenen Sellerie vermengen. Mit Salz und Pfeffer würzen.

4. Walnüsse fein hacken, kurz in einer Pfanne ohne Fett rösten.

5. Tiefgekühlte Petersilie zugeben und die
Nussmischung mit dem abgetropften Reis
unter den Salat geben.

Alternative bei Sellerieallergie
Eine Allergie gegen Sellerie ist
keine Seltenheit. Außerdem mag
nicht jeder den kräftigen Geschmack dieses Gemüses: Nehmen Sie statt Sellerie Kohlrabi.

Fenchel-Lachs-Gratin – eine Kombination mit vielen Fitmachern.

Fenchel-Lachs-Gratin

FÜR 2 PERSONEN
Zubereitungszeit: 20 Minuten
+ 45 Minuten zum Backen

250 g Fenchel | Jodsalz | 250 g Kartoffeln | 100 g Räucherlachsscheiben | 20 g Parmesan | 200 g fettarmer Frischkäse | Außerdem: Fett für die Form

1. Backofen auf 180 Grad Ober/Unterhitze vorheizen.

2. Fenchel waschen, dunkle Stellen und Schnittansätze abschneiden. Ebenso das Fenchelgrün abschneiden und zurücklegen. Fenchelknollen in Scheiben schneiden, kurz in Salzwasser blanchieren, abtropfen lassen.

3. Kartoffeln schälen, waschen und in dünne Scheiben schneiden.

4. Die Hälfte der Fenchel- und Lachsscheiben in eine gefettete Auflaufform geben und Kartoffelscheiben daraufschichten. Mit dem übrigen Fenchel und den Lachsscheiben bedecken.

5. Parmesan reiben, mit Frischkäse verrühren und über den Auflauf geben. Im vorgeheizten Ofen 45 Minuten backen.

6. Das zurückgelegte Fenchelgrün waschen, trocken schwenken und zum Fenchel-Lachs-Gratin geben.

VARIANTE: Statt Fenchel und Räucherlachs nehmen Sie fein geschnittene Zucchinischeiben und in kleine Scheiben geschnittenen Lauch sowie feine Schinkenwürfel und würzen den eher herzhaften Auflauf kräftig mit Muskat, Thymian und etwas Rosmarin. Unter den Frischkäse rühren Sie noch 1 EL Ajvar oder etwas Tomatenmark.

Gemüse mit inneren Werten
Kaum ein Gemüse liefert so viel Kalzium, Eisen, Ballaststoffe, Vitamin C und Beta-Carotin wie die Fenchelknolle. Wer ihren intensiven Anisgeschmack nicht mag, trennt den sehr aromastarken Strunk aus der längs halbierten Knolle heraus.

Snacks
für
zwischendurch

Damit der Hunger bis zur nächsten Hauptmahlzeit nicht zur Qual wird oder Ihnen gar Konzentrationsmangel, schlechte Laune oder Kopfschmerzen drohen, können Sie sich zwischendurch gerne einen gesunden, aber leckeren Snack gönnen.

Auch ein gereizter Magen und ein nervöser Darm profitieren davon, wenn die drei Hauptmahlzeiten sie nicht überlasten, sondern etwas kleiner ausfallen und dafür ein oder zwei Snacks dazwischengeschoben werden. Vielen fällt es so auch leichter, das Gewicht in den Griff zu bekommen.

Achten Sie allerdings darauf, dass Sie solch eine Zwischenmahlzeit wirklich als eine kleine Mahl»zeit« betrachten: Also bitte nicht gedankenlos herunterschlingen oder im Gehen ohne jegliches Geschmacksempfinden in we-

nigen Bissen verdrücken. Damit schaden Sie sich und Ihrer Verdauung. Die möchte gerne durch einige Aromen auf der Zunge und durch anständiges Kauen darauf vorbereitet sein, dass es nun erneut etwas zu tun gibt und Muskulatur und Verdauungsdrüsen gefordert sind. Ansonsten kann es passieren, dass Ihr Darm langfristig zu streiken beginnt oder Ihr Magen allzu gereizt rebelliert.

Widmen Sie also den Kleinigkeiten, die Sie schnell zwischendurch essen oder trinken, Ihre genussvolle Aufmerksamkeit. Denn was ohne Nachdenken vielleicht den Bauch kurzfristig füllt, aber kaum von der Zunge wahrgenommen wird, kann den Heißhunger nicht wirklich stillen. Damit er langfristig abkühlt, genießen Sie mit allen Sinnen, worauf Sie Appetit haben.

Für jeden Geschmack etwas

Für den süßen Zahn einen Schokoriegel und wer es würzig liebt, greift zu Chips oder Crackern. Doch es geht auch gesünder – und zwar genauso flott und lecker.

SÜSSE SNACKS

Völlig arbeitsfrei und schnell zur Hand sind die altbewährten »Mitnehmsnacks« wie Obst nach Geschmack, gern auch verrührt mit Quark oder Joghurt – dann müssen Sie nur schnell ein wenig schnibbeln. Auch ein Glas Milch oder Kefir sowie Joghurt- und Quarkzubereitungen aus dem Kühlregal bietet jeder Supermarkt in großer Auswahl. Im Naturkosthandel finden sich zudem kleine, süß-aromatische Fruchtschnitten ganz ohne Schokolade. Sie haben also reichlich Auswahl.

PIKANTE SNACKS

Wer es lieber herzhaft mag oder nach einer gesunden Alternative für die Chips zum Fernsehabend sucht, wird in der Gemüseabteilung bei Möhren, Radieschen, Cocktailtomaten und Gurken fündig oder in der Kühltheke, die beispielsweise Hüttenkäse mit Kräutern oder Balkansalat anbietet. Bei intensiver Recherche werden Sie sogar auf Reis-Cracker mit Paprika- oder Curryaroma stoßen, Brot-Chips mit Käse und Zwiebelgeschmack finden oder gar supergesunde Vollkorn-Kräcker entdecken. Hört sich vielleicht zunächst nicht unbedingt lecker an, doch diese hauchdünnen getrockneten Mini-Brotscheiben sind dank ihrer Ballaststoffe die ideale Lösung für den kleinen Hunger zwischendurch.

DER BESONDERE SNACK – SELBST GEMACHT

Wer einen Snack ganz individuell nach dem eigenen Geschmack möchte, mixt sich beispielsweise seinen Lieblingsdrink schnell selbst. Dazu brauchen Sie nicht die Qualitäten eines Barkeepers – wie einfach und schnell das geht, zeigen die süßen und pikanten Mix-Rezepte gleich auf den nächsten Seiten. Andere süße Rezeptkreationen für die eigene Küche eignen sich nicht nur als kleine Zwischenmahlzeit, sondern ebenso als leckerleichtes Dessert. Hingegen schmecken die pikanten Cremes oder Drinks auch gut beim Grillen oder wenn abends Gäste kommen.

KLEINIGKEITEN GEGEN DEN HEISSHUNGER

Plötzlich meldet er sich unnachgiebig und fordert beharrlich schnellstmögliches Handeln: der Heißhunger. Selbst wenn man erst vor einer Stunde vom Mittagstisch aufstand oder das Abendessen kurz bevorsteht, verlangt er unüberhörbar nach einer leckeren Kleinigkeit. Am besten lässt sich solch ein Hungeranfall in aller Regel mit reichlich Eiweiß kombiniert mit einigen Kohlenhydraten befriedigen. Untersuchungen zeigten, dass diese beiden Nährstoffe den Hunger ideal stillen können. In der Praxis könnten das beispielsweise ein Fruchtjoghurt, eine Reiswaffel mit Schinken oder ein Knusperbrot mit Kräuterquark sein. Holen Sie sich auf den nächsten Seiten einige Ideen, was Ihren Heißhunger am besten besänftigen könnte.

Ein Apfel-Melonen-Smoothie ist schnell gemacht und zergeht auf der Zunge.

Kiwi-Apfel-Dessert sofort servieren, sonst werden die Äpfel braun.

Apfel-Melonen-Smoothie

FÜR 2 PERSONEN
Zubereitungszeit: 5 Minuten

½ grüne Galia-Melone | 200 ml Apfelsaft

1. Melone entkernen und schälen. Mit Apfelsaft pürieren.

Gesund, schnell und lecker
Smoothies sind echte Gaumenkitzler, zudem noch voller Vitalstoffe. Probieren Sie auch andere Varianten aus wie Beeren mit Birnensaft oder Kiwi mit Orangensaft.

Kiwi-Apfel-Dessert

FÜR 2 PERSONEN
Zubereitungszeit: 10 Minuten

2 Kiwis | 2 Äpfel | Zitronensaft | Zimt | 1–2 Päckchen Vanillezucker

1. Kiwis schälen. Äpfel halbieren, das Kerngehäuse herausschneiden, und die Hälften grob reiben oder in kleine Stifte schneiden. Bei Bedarf mit wenigen Tropfen Zitronensaft vermengen, um ein Braunwerden zu verhindern.

2. Kiwis in große Würfel schneiden, zum Apfel geben.

3. Das Kiwi-Apfel-Dessert mit Zimt und Vanillezucker abschmecken.

Himbeer-Joghurt-Creme

FÜR 2 PERSONEN
Zubereitungszeit: 15 Minuten

**250 g TK-Himbeeren | 2 EL Mandelblättchen |
200 g fettarmer Joghurt | 1–2 Päckchen Vanillezucker**

1. Frische Himbeeren vorsichtig waschen
und putzen oder tiefgekühlte Himbeeren antauen lassen.

2. Mandelblättchen in einer Pfanne ohne
Fett kurz bräunen.

3. Beeren pürieren und mit Joghurt und Vanillezucker nach Geschmack verrühren. Mit
Mandelblättchen servieren.

*Himbeer-Joghurt-Creme gelingt mit frischen oder
Tiefkühl-Beeren.*

Mandelblättchen-Alternative
Keine Mandelblättchen im Haus?
Nehmen Sie stattdessen geröstete Haferflocken!

Buttermilch-Frucht-Creme

FÜR 2 PERSONEN
Zubereitungszeit: 10 Minuten

50 g Walnüsse | 1 Banane | 300 ml Buttermilch | 1 Päckchen Vanillezucker

1. Walnüsse grob hacken, in einer Pfanne
ohne Fett rösten.

2. Banane schälen, einige Scheiben abschneiden und zurücklegen, restliche Banane
mit zwei Drittel der Walnüsse in einem Mixer
pürieren, dabei nach und nach die Buttermilch zugeben.

3. Mit Vanillezucker abschmecken, und die
Creme auf zwei Dessertgläser verteilen. Mit
Bananenscheiben und den restlichen Walnüssen verzieren.

FRUCHT-VARIANTE: Probieren Sie die Buttermilch-Frucht-Creme auch mit Beeren, weichen Birnen oder Mango aus. Wird die Creme
zu flüssig, mehr Walnüsse unterrühren.

Pfannküchlein mit Zimtzucker – dank Vollkornmehl voller Vitalstoffe.

Pfannküchlein mit Zimtzucker

FÜR 2 PERSONEN
Zubereitungszeit: 20 Minuten

1 Ei | 150 ml fettarme Milch | 50 g Vollkornmehl | 1 EL Zucker | 1 Prise Jodsalz | 1 EL Rapsöl | 1 Päckchen Vanillezucker | 1 TL Zimt

1. Ei mit Milch und Mehl verrühren, Zucker und wenig Salz zugeben.

2. In einer beschichteten Pfanne in heißem Öl nach und nach 4 kleine Pfannkuchen jeweils von beiden Seiten ausbacken.

3. Die Pfannküchlein mit Vanillezucker und Zimt bestreuen.

Auf Vorrat backen
Machen Sie gleich mehr Pfannküchlein, denn sie halten sich und schmecken auch als süßes Frühstück auf die Schnelle.

Trauben-Dessert

FÜR 2 PERSONEN
Zubereitungszeit: 10 Minuten

200 g kernlose Weintrauben | 1 Apfel | 1 Päckchen Vanillezucker

1. Trauben waschen und halbieren.

Trauben-Dessert – wer es mitnehmen will, gibt etwas Orangensaft hinzu.

2. Apfel schälen, halbieren, Kerngehäuse herausschneiden, und die Hälften reiben. Mit Vanillezucker und den Traubenhälften vermengen.

Vanillecreme mit Äpfeln und Zimt

FÜR 2 PERSONEN
Zubereitungszeit: 10 Minuten

150 g Magerquark | 2 EL fettarme Milch | 2 Päckchen Vanillezucker | 2 süße Äpfel | 1 TL Zimtpulver

1. Quark, Milch und Vanillezucker verrühren.

2. Äpfel waschen, putzen, entkernen und klein schneiden.

3. In zwei Dessertschälchen geben und mit der Creme bedecken. Mit Zimt bestreuen.

Balsamico-Ananas mit Mandelkrokant

FÜR 2 PERSONEN
Zubereitungszeit: 15 Minuten
+ Zeit zum Abkühlen

½ Ananas | 1 EL heller Aceto Balsamico | 1 EL Zucker | Für den Mandelkrokant: | 1 EL Zucker | 1 Päckchen Vanillezucker | 20 g Mandelblättchen | Außerdem: Backpapier

Balsamico-Ananas mit Mandelkrokant – je nach Saison auch mit Erdbeeren hervorragend.

1. Ananashälfte längs halbieren, den harten inneren Strunk und die Schale abschneiden. Ananasfruchtfleisch in dünne Scheiben schneiden, mit Aceto Balsamico und Zucker mischen.

2. Für den Mandelkrokant Zucker und Vanillezucker in einer kleinen Pfanne hellbraun karamellisieren. Mandelblättchen zugeben und darin wenden. Sofort auf Backpapier verstreichen. Auskühlen lassen.

3. Ananasscheiben abtropfen lassen, auf Dessertschälchen verteilen und mit dem Krokant servieren.

ERDBEER-ALTERNATIVE: Statt Ananas 500 g Erdbeeren waschen, putzen, halbieren oder vierteln und wie beschrieben in Aceto balsamico und Zucker marinieren.

Apfelpüree kann auch mit getrockneten Kirschen statt Rosinen gegart werden.

Birnen-Vanille-Quark wird mit Mineralwasser noch cremiger.

Apfelpüree

FÜR 2 PERSONEN
Zubereitungszeit: 15 Minuten

2 Äpfel | ½ TL Zitronensaft | 2 EL Rosinen | Zimt | Nelkenpulver

1. Äpfel schälen, halbieren, Kerngehäuse entfernen, die Hälften in Stücke schneiden.

2. Apfelstücke mit Zitronensaft und Rosinen vermengen, in einem Topf bei mittlerer Hitze zusammenfallen lassen.

3. Mit einer Gabel zerdrücken und mit wenig Zimt und Nelkenpulver würzen. Schmeckt auch kalt!

Birnen-Vanille-Quark

FÜR 2 PERSONEN
Zubereitungszeit: 5 Minuten

1 große Birne | 200 g Magerquark | 1 Päckchen Vanillezucker | 2 EL Rosinen

1. Birne halbieren, Kerngehäuse entfernen, die Hälften sehr fein schneiden und mit einer Gabel zerdrücken.

2. Sofort mit Quark, Vanillezucker und Rosinen verrühren.

MINERALWASSER-TRICK: Unter den Magerquark etwas Mineralwasser rühren. Die Kohlensäure macht selbst aus Magerquark einen cremig-sahnigen Genuss.

Melonensalat mit Mandelblättchen

FÜR 2 PERSONEN
Zubereitungszeit: 10 Minuten

½ Galiamelone | ½ Cantalupemelone |
2 EL Mandelblättchen

1. Galia- und Cantalupemelonenhalften mit einem Esslöffel von den Kernen befreien, in Viertel schneiden und die Fruchthälften sorgfältig schälen.

2. Das Fruchtfleisch der Melonen in mundgerechte Würfel schneiden, auf zwei Dessertschälchen oder -teller verteilen und mit Mandelblättchen bestreuen.

Melonensalat – besonders erfrischend, wenn er direkt aus dem Kühlschrank kommt.

Ganze Frucht statt Salat
Für die Arbeitspause nehmen Sie sich statt der klein geschnittenen besser eine ganze Melone mit. Für eine Person reicht eine Hälfte aus, die Sie genüsslich auslöffeln. Die zweite Hälfte mit einer Frischhaltefolie überziehen und in einem gut schließenden Gefäß für den nächsten Tag am besten in einen Kühlschrank legen – oder sofort dem Kollegen oder der Kollegin anbieten und gemeinsam Pause machen.

Orangen-Quark

FÜR 2 PERSONEN
Zubereitungszeit: 10 Minuten

2 Orangen | 100 g Magerquark | Zimt

1. Orangen schälen, sodass auch die weiße Haut vollständig entfernt wird.

2. Die Orangenfilets mit einem kleinen Messer aus den feinen Zwischenhäuten schneiden, den dabei frei werdenden Orangensaft in einer Schüssel auffangen.

3. Orangenfilets halbieren, mit dem aufgefangenen Saft unter den Quark rühren. Mit Zimt würzen.

Birnen-Orangen-Dessert

FÜR 2 PERSONEN
Zubereitungszeit: 15 Minuten

2 Orangen | 1 Birne | 1 EL Mandelblättchen

1. Orangen und Birne schälen. Orangen vollständig von der weißen Haut befreien, mit einem kleinen Messer in einzelne Fruchtsegmente aufteilen und klein schneiden.

2. Birne halbieren, Kerngehäuse entfernen, und die Hälften fein reiben.

3. Mit den Orangenstückchen vermengen und mit Mandelblättchen bestreuen.

KIWI-VARIANTE: Bei einer Unverträglichkeit gegenüber Zitrusfrüchten die beiden Orangen gegen drei große Kiwis austauschen.

Gegrillter Apfeltoast schmeckt auch wunderbar als Frühstück.

3. Die Hälften reiben und mit den Rosinen unter den Quark rühren.

4. Dick auf die Toastbrotscheiben geben und im Backofen bei höchster Hitze je nach Leistung des Ofens 1 bis 2 Minuten grillen. Mit Zimt bestreuen.

Gegrillter Apfeltoast

FÜR 2 PERSONEN
Zubereitungszeit: 10 Minuten

2 Toastbrotscheiben | 1 Apfel | 1 EL Rosinen | 50 g Magerquark | ½ TL Zimt

1. Brotscheiben toasten.

2. Den Apfel schälen, halbieren, Kerngehäuse entfernen.

Gegart besser verträglich
Selbst wer auf rohes Kernobst mit Bauchschmerzen reagiert, sollte diesen Apfeltoast einmal probieren. Durch das Erhitzen wird in aller Regel rohes Obst besser verträglich, sodass viele empfindliche Mägen nicht mehr dagegen rebellieren.

Thunfischcreme

FÜR 2 PERSONEN
Zubereitungszeit: 10 Minuten

1 Bund Petersilie | 200 g Thunfisch ohne Öl (Dose) | 150 g fettarmer Joghurt | Jodsalz | Pfeffer

1. Petersilie waschen, trocken schütteln, Blätter fein hacken.

2. Mit Thunfisch und Joghurt verrühren und mit Salz und Pfeffer würzen.

BLITZ-VARIANTE: Statt frischer Petersilie die gehackte TK-Alternative verwenden und mit den übrigen Zutaten pürieren.

Paprikadrink – ein würziges Schönheitselexier für die Haut.

Tomatenaufstrich

FÜR 2 PERSONEN
Zubereitungszeit: 5 Minuten

200 g fettarmer Frischkäse | 4 EL Tomatenmark | Thymian, getrocknet | Jodsalz | Pfeffer | 4 Scheiben Knäcke- oder Knusperbrot

1. Frischkäse mit Tomatenmark und Thymian verrühren.

2. Mit Salz und Pfeffer würzen.

3. Tomatencreme auf Knäcke- oder Knusperbrotscheiben streichen.

Paprikadrink

FÜR 2 PERSONEN
Zubereitungszeit: 5 Minuten

1 rote Paprika | 100 ml Möhrensaft | 200 ml Apfelsaft | Tabasco | Pfeffer

1. Paprikaschote halbieren, waschen, dabei von Stielansatz, von Kernen und weißen Innenhäuten befreien.

2. Das Paprikafruchtfleisch mit Möhren- und Apfelsaft pürieren und mit einem Schuss Tabasco sowie Pfeffer würzen.

SOMMERDRINK: Seine Schärfe regt die Schweißdrüsen an, die Haut zu kühlen. Und sein Beta-Carotin wirkt als Sonnenschutz.

Maiswaffeln mit Kiwi und Lachsschinken – viel Vitamin C und Eisen.

Radieschen-Apfel-Rohkost bleibt dank Zitronensaft frisch.

Maiswaffel mit Kiwi und Lachsschinken

FÜR 2 PERSONEN
Zubereitungszeit: 5 Minuten

4 Scheiben Bündner Fleisch oder Lachsschinken | 2 Kiwis | 4 Maiswaffeln | 50 g Magerquark oder fettarmer Frischkäse

1. Bündner Fleisch oder Lachsschinken in Scheiben oder Streifen schneiden.

2. Kiwis schälen und in dicke Scheiben schneiden.

3. Maiswaffeln mit Frischkäse bestreichen, mit Kiwischeiben und Schinkenscheiben oder -streifen belegen.

Radieschen-Apfel-Rohkost

FÜR 2 PERSONEN
Zubereitungszeit: 10 Minuten

4 Radieschen | 2 Äpfel | 1 TL Zitronensaft | ½ Kästchen Kresse | Jodsalz | Pfeffer | mildes Currypulver

1. Radieschen und Äpfel waschen. Radieschen putzen und in Scheiben schneiden.

2. Äpfel halbieren, das Kerngehäuse entfernen, und Apfelhälften in Streifen schneiden.

3. Äpfel mit Zitronensaft beträufeln, damit sie nicht braun werden, und mit den Radieschenscheiben mischen.

4. Kresseblättchen mit einer Schere abschneiden, zur Rohkost geben und mit Salz, Pfeffer und Currypulver würzen.

Makrelenaufstrich

FÜR 2 PERSONEN
Zubereitungszeit: 5 Minuten

¼ **Bund Basilikum | geräuchertes Makrelenfilet (ca. 80 g) | ½ TL Kapern | 50 g fettarmer Frischkäse | Jodsalz | Pfeffer | 2 Scheiben Brot**

1. Basilikum waschen, trocken schwenken, Blätter abzupfen.

2. Mit Makrele, Kapern und Frischkäse pürieren. Mit etwas Salz und Pfeffer würzen.

3. Den Makrelenaufstrich auf die Brotscheiben streichen.

Gutes Fett
Die Makrele enthält auch geräuchert viele wertvolle Omega-3-Fettsäuren, die Herz und Kreislauf fit halten. Deshalb nicht bei den Fischen auf Fett verzichten, sondern besser bei den Milchfetten sparen. Also in diesem Fall beim Frischkäse die fettarme Sorte vorziehen, während es beim Fisch ruhig eine fettere sein darf.

Cocktailtomaten mit Basilikumcreme – ein kleiner Snack für Kinder und Gäste.

Cocktailtomaten mit Basilikumcreme

FÜR 2 PERSONEN
Zubereitungszeit: 5 Minuten

1 **kleine Knoblauchzehe | 50 g weicher Ziegenfrischkäse | 50 g Magerquark | 1 TL Olivenöl | ¼ Päckchen TK-Basilikum | Jodsalz | schwarzer Pfeffer | 6 kleine Cocktailtomaten**

1. Knoblauch schälen, durchpressen und mit Ziegenfrischkäse, Quark, Öl und dem Basilikum verrühren. Mit Salz und Pfeffer würzen.

2. Von den Tomaten einen Deckel abschneiden, Tomatenfruchtfleisch herauslösen. Die Tomaten mit der Basilikumcreme füllen.

137

Adressen, die weiterhelfen

DEUTSCHLAND

aid Auswertungs- und Informationsdienst für Ernährung, Landwirtschaft und Forsten
Friedrich-Ebert-Straße 3
D-53177 Bonn
www.aid.de

Arbeitskreis Folsäure & Gesundheit
Berner Str. 111 B
60437 Frankfurt/Main
www.ak-folsaeure.de

Bundesinstitut für Risikobewertung
Thielallee 88–92
14195 Berlin
Postanschrift:
Postfach 330013
14191 Berlin
www.bfr.bund.de

Bundesvereinigung Prävention und Gesundheitsförderung e.V. (BVPG)
Heilsbachstr. 30
53123 Bonn
www.bvpraevention.de

Bundeszentrale für gesundheitliche Aufklärung
Ostmerheimer Str. 220
51109 Köln
www.bzga.de

Deutsche Adipositas-Gesellschaft e.V.
Waldklausenweg 20
81377 München
www.adipositas-gesellschaft.de

Deutsche Gesellschaft für Ernährung e.V.
Godesberger Allee 18
D-53175 Bonn
www.dge.de

Deutsches Ernährungsberatungs- und -informationsnetz (DEBINet)
Institut für Ernährungsinformation
c/o Klinik Hohenfreudenstadt
Tripsenweg 17
72250 Freudenstadt
www.ernaehrung.de

Forschungsinstitut für Kinderernährung GmbH Dortmund
Heinstück 11
44225 Dortmund
www.fke-do.de

5 am Tag e.V.
Servicebüro:
Carl-Reuther-Str. 1
68305 Mannheim
www.5amtag.de

Plattform Ernährung und Bewegung e.V.
Wallstraße 65
10179 Berlin
www.ernaehrungundbewegung.de

Verband der Oecotrophologen e.V. (VDOE):
Reuterstraße 161
53113 Bonn
www.vdoe.de

Verbraucherzentrale Bundesverband e.V. - vzbv
Markgrafenstraße 66
10969 Berlin
www.vzbv.de

Verein für unabhängige Gesundheitsberatung Deutschland
Sandusweg 3
35435 Wettenberg/Gießen
www.ugb.de

ÖSTERREICH

ÖGE Österreichische Gesellschaft für Ernährung
Zaunergasse 1-3
A-1030 Wien
www.oege.at

Österreichische Adipositasgesellschaft
Währinger Straße 76/13
A-1090 Wien
www.adipositas-austria.org

UGB-Vereine für Unabhängige Gesundheitsberatung – Österreich
Wald 15
A-6416 Obsteig

Verband der Ernährungswissenschaftler Österreichs
Erdbergstraße 10/40
A-1030 Wien
www.veoe.org

Verein für Konsumenteninformation (VKI)
Mariahilfer Straße 81
A-1060 Wien
www.konsument.at

SCHWEIZ

Association Suisse pour l'Etude du Metabolisme et de l'Obesite (ASEMO)
Petersgraben 4
CH-4031 Basel
www.asemo.ch

Eidgenössische Ernährungskommission EEK
c/o Bundesamt für Gesundheit (BAG)
3003 Bern
www.bag.admin.ch/themen/ernaehrung_bewegung

5 am Tag
Krebsliga Schweiz
Effingerstraße 40
Postfach 8219
3001 Bern
www.5amtag.ch

Geschäftsstelle Nutrinet
Caroline Bernet
Schwarztorstraße 87
3001 Bern
www.nutrinet.ch/

Schweizerische Gesellschaft für Ernährung
Effingerstr. 2, Postfach 8333
CH-3001 Bern
www.sge-ssn.ch

Schweizerischer Verband dipl. Ernährungsberater/innen SVDE ASDD
Postgasse 17
Postfach 686
CH-3000 Bern 8
www.svde-asdd.ch

UGB-Vereine für Unabhängige Gesundheitsberatung – Schweiz
Neuhofstr. 11
CH-8708 Männedorf
www.ugb.ch

EUROPA

Europäisches Informationszentrum für Lebensmittel
Tassel House
Paul-Emile JANSON 6
1000 Brussels, Belgium
www.eufic.org

Bücher, die weiterhelfen

Bianka Bleier, Birgit Schilling: Besser einfach – einfach besser: Das Haushaltssurvival-Buch, Scm Hänssler-Verlag, Holzgerlingen

Ibrahim Elmadfa, u. a.: Die große GU Nährwert Kalorien Tabelle 2012/13, Gräfe und Unzer Verlag, München

Patricia Essl: Brainfood – schnelle Rezepte für mehr Energie, Kneipp Verlag, Wien

Expressküche, Dorling Kindersley Verlag, München

Donna Hay: Meine spontane Küche: 200 schnelle Rezepte aus dem Vorrat, AT Verlag, Aarau

Martina Kiel, Karola Wiedemann: Expresskochen, Gräfe und Unzer Verlag, München

Angelika Kirchmaier: Xunde Jause! 300 kunterbunte Ideen und Rezepte für Schule, Arbeit und Freizeit, Tyrolia, Innsbruck

Martina Kittler: Handtaschenkochbuch, Gräfe und Unzer Verlag, München

Kochen & Genießen: 30 Minuten Küche, Moewig Verlag, Rastatt

Ira König: 15-Minuten-Singleküche, Gräfe und Unzer Verlag, München

Bryan Miller, Marie Rama: Kochen für Dummies, Wiley-VCH Verlag, Weinheim

Gerhard Poggenpohl: Null Bock, aber Hunger, Edition XXL, Fränkisch-Crumbach

Silke Propp-Frey, Sandra Rindchen und Wolfgang Zahner: 365 Blitzrezepte, Nauman und Göbel, Köln

Margit Proebst: Blitzmenü für zwei, Gräfe und Unzer Verlag, München

1000 Blitzrezepte Naumann und Göbel Verlag, Köln

Cornelia Trischberger: Kochen für Faule, Gräfe und Unzer Verlag, München

Cornelia Trischberger: Noch mehr Kochen für Faule, Gräfe und Unzer Verlag, München

Cornelia Trischberger: 20 Minuten sind genug, Gräfe und Unzer Verlag, München

Rezeptregister

Sachregister

IMPRESSUM

© 2011 GRÄFE UND UNZER VERLAG GmbH, München Alle Rechte vorbehalten. Nachdruck, auch auszugsweise, sowie Verbreitung durch Bild, Funk, Fernsehen und Internet, durch fotomechanische Wiedergabe, Tonträger und Datenverarbeitungssysteme jeder Art nur mit schriftlicher Genehmigung des Verlages.

Projektleitung: Tatiana Schmid
Lektorat: Ulrike Schöber
Rezeptentwicklung: Friedrich Bohlmann
Bildredaktion: Elke Dollinger
Umschlaggestaltung und Layout: independent Medien-Design, Horst Moser, München
Herstellung: Claudia Häusser
Satz: Christopher Hammond
Reproduktion: Longo AG, Bozen
Druck & Bindung: Druckhaus Kaufmann, Lahr

ISBN 978-3-8338-2122-6
1. Auflage 2011

GRÄFE
UND
UNZER

Ein Unternehmen der
GANSKE VERLAGSGRUPPE

Bildnachweis

Fotoproduktion: Carsten Eichner, Rezeptfotos S. 35, S. 98–137
Weitere Fotos: Plainpicture: Coverfoto; Bildstelle: S. 23; Corbis: S. 11, 46, 66, 74, 75, 76, 85, 88; F1 online: S. 56; Getty: S. 6, 20, 26, 51, 90, Umschlag hinten; Jump: S. 11; Masterfile: S. 40, 78; Mauritius: S. 13, 60; Plainpicture: S. 27, 28; Stockfood: S. 14, 24, 81, 86, 87, 89; Superbild: S. 82; Marine Stewardship Council: MSC-Siegel, S. 58

Syndication:
www.jalag-syndication.de

Wichtiger Hinweis

Alle Ratschläge und Hinweise in diesem Buch wurden vom Autor nach bestem Wissen erstellt und mit größtmöglicher Sorgfalt geprüft. Sie bieten jedoch keinen Ersatz für kompetenten persönlichen medizinischen Rat. Jede Leserin, jeder Leser ist für das eigene Tun selbst verantwortlich. Weder Autor noch Verlag können für eventuelle Nachteile oder Schäden, die aus den im Buch gegebenen praktischen Hinweisen resultieren, eine Haftung übernehmen.

Umwelthinweis: Dieses Buch ist auf PEFC-zertifiziertem Papier aus nachhaltiger Waldwirtschaft gedruckt. Um Rohstoffe zu sparen, haben wir auf Folienverpackung verzichtet.